亚非拉现代思想文丛

THE INTIMATE ENEMY
TALES OF MULTIPLE SELVES

Ashis Nandy

贴身的损友

有关多重自身的一些故事

（印度）阿希斯·南地 著　　丘延亮 译

人民出版社

目 录

总　序

陈光兴　高士明

　　中文世界与亚非拉各地同属曾经的"第三世界"，共同分享着诸多历史经验：现代与革命、反帝与反殖民、民族主义与国际主义、帝国与冷战、后发资本与威权统治、饥荒与难民、分断与离散……六十年前，这些历史经验所带来的迫切压力曾把我们团结在一起。近四十年来，我们与亚非拉各地之间，却逐渐丧失了切身理解与更为积极的互动，无法建立起更为多元的参照，以丰富我们的自我认知。

　　二十世纪八十年代末期，随着全球冷战的逐渐式微，我们承继前辈们筚路蓝缕的工作，试图在亚洲邻近地区（南亚、东南亚、东北亚），将分散的思想界重新联结起来，克服殖民、帝国与冷战所造成的多重分化与阻隔，寻求新的团结与连带之可能。通过《亚际文化研究》（*Inter-Asia Cultural Studies: Movements*）国际刊物近二十年的运作，我们在小范围内慢慢搭建起一个松散的知识网络，以学术讲座、会议、暑期班等形式，推动持续性的思想分享和知识积累。2006 年，东亚批判刊物会议正式启动，这是第一个亚洲批判知识分子的思想联动平台。2010 年我们更进一步启动"西天中土"计划，推动印度与中国之间的社会思想对话。两年后，我们发起"亚洲现代思想"计划，将亚洲各地一起工作的知识机构连接起来，成立亚洲思想界连带组织"亚际书院"。

2015 年，适逢万隆会议六十周年，亚际同仁们共同推动了"万隆／第三世界六十年"系列论坛，将亚非拉的思想家们聚集在一起，循着历史的轨迹，梳理过去六十年间世界文化格局的更迭变幻。审视六十年来风云变幻、波澜壮阔的历史，我们看到：在新殖民／冷战／资本全球化等多重历史动力的作用下，在当年的"第三世界"框架中，新的发展模式和历史动力正在形成。放眼当下，"金砖五国"已成为世界经济的重要发动机；而印度尼西亚，这个当年万隆会议的召开之地，已然位列东南亚地区经济发展的第一线。前／殖民地以及前／第三世界的许多国家和地区都已步入了全球化经济浪潮的前端。传统的东／西、南／北、发达国家／发展中国家的分野，在新的国际发展形势下正变得越来越难以为继，而中国正以"一带一路"为中心，与欧、亚、非各国共同探索新的国际合作和协同发展模式。

这一切为我们开启了一次由历史纵深回头眺望的契机，更重要的是，这让我们体会到，当年的"亚非拉"想象在思想连带与知识互动的层面上并未充分展开。被殖民史与冷战史分割的中文世界，其知识生产依然局限在"中西"二元结构之中，甚或沉溺于内部的割裂感与情绪性感伤中，依然缺乏在世界史层面进行自我理解的多元参照体系。这是我们发起"亚非拉现代思想文丛"的根本缘由。

本丛书希望向中文读者介绍一批具有世界影响力的亚非拉学者们近年来的思想成果。丛书作者中既有中文读者熟悉的新马克思主义南方旗手萨米尔·阿明（Samir Amin），也有刚刚进入中文学界视野的印度思想家阿希斯·南地（Ashis Nandy）和国际发展经济学的推动者卓莫·夸梅·桑德拉姆（Jomo Kwame Sundaram），还包括初次引介的非洲社会研究发展委员会（CODES-RIA）前主席萨姆·莫约（Sam Moyo），以及现代性智识的去殖民批判者、全球百名知识分子中位列第九的马哈茂德·马姆达尼（Mahmood Mamdani）。这些作者们将与我们分享他们半个世纪以来在各自历史现场中累积起的思想经验，带我们重新认知亚非拉的思想遗产以及它在当代的现实意义，重新探究"第三世界"文化在新世纪语境中的思想变化；从这些累积和变化中发展出多样的思想模式与知识系统，来直面今日政治状况和生活世界的纠结繁复，并对之做出多层次的解释。

在与这些思想者的交流中，我们感受到他们对中国的善意与期待，他们期待中国的和平崛起能够为世界的多元发展开辟一条另类道路，在冷战之后的世界史脉络中寻找到国际团结的新形式，在全球新语境中为"亚非拉"找到重新奠基的土壤。

我们期待着以这套丛书为契机，系统梳理亚非拉各地重要的思想资源，持续探索这些思想资源为中文世界带来的新转机、新想象以及新的思维模式，进一步构建一种与民众生活和现实经验紧密相连的多重异次元世界观，让世界走向更平等、更互重、更和平、更公正的大道。期待中文学界给予本书系持续的关注、鼓励与批评。

2016 年 8 月

致中国读者

阿希斯·南地

有关殖民主义的书写可以不捧出英雄或恶魔吗？殖民主义的众受害者们只是受害者？还是他们也是殖民过程的或主动、或被动的参与人？

殖民主义是一场零和游戏吗？还是这场帝国的投机事业对殖民者言，也是一个在文化及道德上丧失文明之过程？

上面是本书提出的一些疑问，作者并不企图提供确定的答案，但愿在南方世界的知识人中开出一个智识交换的空间，这些知识人在过去见到的是：殖民主义被描绘成一种把人类文明化的使命，被说成它是现代化及进步的一种动因。

一百五十年来我们被教导说：殖民主义乃必要之恶，剑桥著名的激进经济学会琼·罗宾逊（Joan Robinson）对她南方来的两个世代的学生们说：比殖民主义更糟的一件事就是未曾被殖民过。

即令是人类解放的理论家恩格斯——他是马克思长年的同侪与支助者，也是启蒙的传人，曾宣称阿尔及利亚落入法国人手中被殖民对阿尔及利亚人而言是好事，因为阿尔及利亚将"终于进入文明"。

启蒙种种价值本身，它的社会进化信息中的天演说及历史阶段说，不也恰是和殖民主义共谋的吗？

本书的作者相信：回答这些旧问题而给出新答案尽管是可能的，但那些答案不会从教科书中出现，也没法由不愿从故纸堆中走出的历史学家所提供。

新的答案倒比较可能从知识人们间的对话中产出，主要乃在于他们悉知当代殖民主义之受害人们的经验，也和各社区的记忆库有直接交通、接合的管道。

　　这个译本对我还意味了其他的意涵：早在二十世纪之初，一些印度最伟大的思想者与自由斗士，他们的持续关注都在于：重新建立亚洲诸文化间多少世纪以来不断持续默默对话着的知识及文化纽带。这方面也是印度的国宝诗人泰戈尔的主要关怀，而为此他曾那么雄辩地攻击了亚洲社会闷着头从欧洲引介过来的国族主义。

　　泰戈尔觉得亚洲诸邻邦间多少世纪的直接的文化及智识纽带被殖民主义截断了，残存下来的联系已不再是直接相通的了。其他的思想者与自由斗士也注意到了，残存下来的联系也愈来愈得借了西方大学与欧洲知识的体系及语言来予以中介了。

　　泰戈尔在班加里（Bengal）的圣蒂尼克坦（Shantiniketan，意为和平之乡）乡间创建的国际大学就是为了重建这些纽带而建立的。

　　尽管在泰戈尔身后，这个学校加入了主流的大学体系而变成失去了灵魂的鬼魅般的遗体，但泰翁的梦并未因而熄灭，它也还常常在其他奇异的场合以不同的面目在在呈现。

　　所有这些问题都太过深邃，不能有速效的解答，就算本书迻译自它的原初英文版本，也尽管它的理论架构着重地依偎着非洲—亚洲一系的学者及作家，它仍明显地呈现了它受到的心理分析方面的影响。

　　我们都是我们所属世代及所身处际遇的产品。我——跟上百万的其他人一样——是殖民时代的产物，而那个殖民的时代并未随殖民者离去的正式中止而结束。我能提出的唯一的宽解就是：我身在显赫过人的同行伴侣之中，而在我那么多的同行者当中，更有不少是反抗殖民主义的最英勇的斗士。

　　我谨希望《贴身的损友》，尽管缺失累累，仍能够作为一个请柬，邀约在知识世界各边缘工作的学者前来参与对话；我渴望这些新朋友的生命经验有以传讯予专业社会知识掌控之外的异议者，给予大家不同的理论演叙和提点种种不同的知识向度。

2016 年 8 月

译者的话

丘延亮

事情是这样发生的。

1994 年 5 月 26 日，香港大学英文系请了阿希斯·南地来讲"多元文化主义的困境"（Dilemmas of Multiculturalism）；在一个不到十人的研究室中，我是唯一的"外人"，恐怕也是请他来的印籍女教授外，唯一读了些南地著作的人。南地发言后的讨论遂几乎成了我们三人的对话。

会后，南地邀我喝咖啡。在当时还能吸烟的咖啡厅中，他气定神闲地点燃了烟斗，不急不缓地继续着他对各地试图以国族主义行"天下大治"（Pax state-nationalism），实为国族主义行天下大疫（Pox state-nationalism）的种种观察与议论。

突然，他丢出了一个问题："九七快到了，香港得回归（return）的那个国家（country）在中文里是什么性别（gender）?"

我吓了一跳，国族的性别?! 赶忙打了一个问讯。

他解释道："过去在德国叫父国（fatherland），其他地方叫母国（motherland），像印度等地方，中国人对它是怎么叫的呢?"

我顿时傻掉了，接不上话来，他继续抽他的烟斗。

良久，我鼓起了勇气，回应这个"考试"：我们通常把它叫做"已逝的父辈之国：祖国（land of the deceased fathers-ancestor's land）"。

他听了后，缓缓地吐了一口烟，哈哈大笑，点着头。

从此，我们成了朋友，也成了彼此的共"谋"者（co-conspirator，他题赠书予我时的称呼）。

不知是惺惺相惜还是彼此陷害，1995年起南地多次邀我访问印度，和他在"发展社会研究中心"（简称 CSDS，Centre for the Study of Developing Societies）及"人民对话团"《人民之路》期刊（*Lokayan*）的同事们相交共处，也和拉基尼·柯达里（Rajni Kothari）等仰之弥高的师长请教。我们从泰戈尔一直谈到俄国的民粹派人物纳荷德尼基（The Narodnikii），又回到非马克思社会主义左派的拉姆马诺哈尔·罗希亚（Rammanohar Lohia）[①] 等人，以及各式各样的甘地从者——那些日子都是我此生增长见识的美好时光的珍贵记忆。他多次到香港和台湾参加国际会议更给了我一种共同生活的实践启迪。

记得在印度 CSDS 访问的一个午后，南地邀我到新德里美国文化中心听演讲。当时他脚伤未愈，但却坚持在听完演讲后，撑着拐杖和我走到不远的历史遗址凭吊。在彩霞的余光中，我忘情地在颓败的古堡间游荡。突然，我发现自己孑然一身，南地在我穿梭于廊间、门

---

① 著有 *Marx, Gandhi and Socialism* 一书（Hyderabad，India，1963）。

限之际，已不见踪影。我慌忙地从古堡窜出，到处寻找他。四处乱窜之际突见他打着石膏的那只脚，从他穿的白色裤管中平伸在灌木丛后的草地上。我一身冷汗，飞奔前去，真怕不晓得发生了什么事。奔到树丛后，见到我，他缓缓坐起，眼神似乎在怪我打搅了他的午觉。我无法解释我的失态，只好若无其事地坐到他身边，心神未定地听他继续讲古堡的故事。

回到文化中心晚餐，我提到我读他文字的经验。因按捺不住，我便问他："你曾经写诗吗？我觉得你的写作很有诗的意味……"他猛吐了一口烟，冷冷地瞪着我，没有吭一个字，明明说的是"不然你以为我是在干什么!?"这个臭脸就是他的表达方式?!

另外一个类似的"表达"发生在桃园机场。因为我听说他日前在光华商场混了大半天，也听说他是个计算机迷，我问他："你弄到了想要的软件吗？有中意喜欢的游戏光盘么?"他看了一眼我，转过头，好像听不懂我讲什么，或者压根儿没听到我问的是什么。全世界都知道他打电玩成迷，他从来没有承认或否认过！

在另一次访印两周后，他坚持送我搭 Doo-doo（电动三轮车）赶车去机场。在路边他竟和一辆靠着墙边的三轮车手大聊了起来，像是弟兄或老友。久久，他们才把我这个"外国人"赶上一辆 Doo-doo，南地对我摇摇手表示再见，然后继续聊他的。

一年后，他却在一个月内把我五百多页的英文书稿一口气看完，写了三大页的介绍"重要的几句话，被出版社印在封底，作了推荐我书的书介《墨迹》（Blur)"。不久，他又自作主张地把我邀去综合性大学（Multiversity）的另翼教育论坛上讲另一种人类学的可能性。①

2001 年，我的几个"自身"之间出了问题。为求脱困得借助"工作治疗"来对付自己，我遂开始翻译南地的《印度文化中女人与女人性的对峙——文化与政治心理学的论说》，从南地那儿几乎是返祖地（或隔代遗传地）回神到

---

① 发表演讲 "Another ways of Doing Social and Cultural Anthropology"，于 The International Workshop on Redesign of Social Science Curricula 由 Multiversity and Citizens International 主办，马来西亚：槟城，2004 年 11 月 20 日。

重温一个爱上层楼、年少的我。当时我写下了这些话：

> 在五十年代的台湾，荒芜渐去凄丽尽失的灰沉下，我曾微醺于宋词古画的清远，复沉迷在克罗齐的直觉感知与厨川白村的苦闷象征中。也曾思习禅或自酖于弗洛伊德的梦释与禁忌之间。飘然于泰戈尔的爱贻与颂歌之上。
>
> 稍长，由于多次伴随友人出入精神病院，亲尝身存实亡的丧友失朋之痛。遂在防御本能制约下，为自己建立了防护的厚墙，几十年来在自我放逐的心境下将寄愁与自况都一一荒疏了。如此，竟然匆匆活过了一个自我遗忘的中年。战斗半生，绩过难卜，心性何在，岂能不在各个自身轧铄之际自疑？

《印度文化中女人与女人性的对峙》一文译毕，我感到意犹未尽，于是又着手译了《野蛮人的弗洛伊德：殖民时期印度的第一个非西方心理分析家及种种隐秘自身的政势》。从南地的文本中，我再次自剖，写道：

> 有缘与知己重温心理分析与日常生活之种种，在不放弃沟通可能的争持下、顽固与坚持的拮抗中，我深深地体识到了分析／被分析、被分析／分析两造间授受互通、相濡以沫的特质。也见到了面对自己孤然一身的本我（ego），产造孤寂不免是填塞心阙的辛涩的鸩汁。

两年后，为了给这些"走出来"的努力加上一些"社会性"的意涵，我确曾有过将此两篇译文在心理学有关刊物刊行的努力——前篇题赠："谨以本译文献予我们社会中认真创发女人性——及女人主体性——的姊妹"；后者题赠："谨以本译述献予真诚践行本土心理分析的师友。"

当时，为了能较顺利出刊，我考虑到其中对印度被西方殖民的心理学的种种批判不免会引起学界中人的"对号入座"，增加出版的困难，为此，我遂自己出手"自我审查（阉割）"，"敏感"的议题都"漏译"了。（现在当然已全部补上了!)

尽管如此,当然还是成不了刊行的事!

不成事也是好事!我遂一不做,二不休,
陆续译了:

《最终的邂逅:谋刺甘地的政势》

《贴身的损友》之"前言"

《贴身的损友》之《殖民主义的心理学:
不列颠印度中的性别、年龄和意识型态》

《贴身的损友》之《从殖民中解放的
心智:对印度和"西方"的破殖民看法》

正当我开始着手译《民族主义的不正当
性:泰戈尔与自我的政治》(*The Illegitimacy of
Nationalism: Rabindranath Tagore and the Poli-
tics of Self*) [1] 之际,却一再为了现实中的集体
抗争,没有时间、也没有力气了,事情就这么
搁下,也没再想到出版的事了。

又是几年过去,我在结束流放后回到台

---

[1] Ashis Nandy, *The Illegitimacy of Nationalism:
Rabindranath Tagore and the Politics of Self*, Delhi;Ox-
ford, 1994; Oxford UP. 1994.

湾，突然多了一份责任感，牛劲也回来了，不
出版不见得就是甘心了——但当时我也意识到
要在台湾的理脉下出版，得先要修改我的语
言；也警觉到修改我的语言除要敦促自己日日
重新学习台湾社会外，更重要的是要知道台湾
新一代的年轻人是怎么样在思考和阅读的。

为了这个阳谋，我在 2007 年至 2008 年，
于辅仁大学心理学研究所开了一年"多重自
身——后殖民观点专题"的课，一整年在乐生
院蓬莱舍的大树下上课，接着也多次在各种场
合——如民族所的人类学营、① 交大的文化研
究专题演讲，② 以及接着在 2008 年及 2009 年，
在辅仁大学心理学研究所开设"人文／社会
科学的语言基础""人文／社会科学的语言实
践"；在东华大学多元文化教育研究所"民族

① 《多重自身——超克性／别名分宰制的论诘与践
行》，"中央研究院"民族所《第六届人类学营》，2009 年
9 月 9 日，花莲：东华大学。
② 《"伥"（Muchachos／Muchachas）——后殖民
论诘起死回生必须面对的动物》，交通大学社会与文化研
究所专题演讲，2009 年 10 月 28 日，新竹：交通大学。

志阅读与写作"等课上——放蛊和试水温；过程精彩、趣事横生。

有同学读了文章后以为南地是女的，等到一见到他的照片时，才发现南地的胡子比我还多；也有同学反映：只有在大风大雨中才能"安心"读他，风和日丽之时却一个字也看不下去……不一而足！

这些"教训"，当然都促使我一再改稿：一次次重译、改写，不亦乐乎！我甚至开始着手为我的译辞编纂"辞典"！（其中有一小部分已收入本书的"关键译辞讨论"中）

2005 年受淡江大学邀请，[①] 南地再次和夫人乌玛（Uma）访台。我邀了有意出版南地著作的出版社跟他们夫妇见面，大家相谈甚欢。但等我稿成，社方却久久未回应。待我多次询问后，最终因我不肯为几个关键译辞从俗从众，结果导致我撤稿破局。

---

① 2005 年 11 月 7 日，淡江大学教育心理与谘商研究所邀请阿希斯·南地到校进行《心灵访客——心理与谘商系列讲座》专题演讲，讲题为《现代性和西方心理学：一个批判的视角》。

　　上面的故事，交代了本书中几篇重要论文的选译与刊行，缘起缘灭、缘灭缘起，十年来已几经轮回的种种；世事沧桑、河东河西，至今余志未熄，其促我不肯放弃的缘因：长我多年的南地迄今犹日日健步、书写不停的激励之故！①

　　本书以《贴身的损友》（*The Intimate Enemy*）的篇名为题，是采用南地最出名且广泛为人引用的篇章。过去曾有的中文引用者（包括曾有的摘译）大都把这篇章译成《亲昵的敌人》或《亲内的敌人》，②我却始终对这译法觉

────────────

　　①　我一向坚持三十年代的传统，在译书中必须有对作者与作品有足够的理脉化，详见我译的《贫穷文化》及舒诗伟译的《行动者的归来》二书里我的两篇长篇导读。（奥斯卡·刘易士著，丘延亮汉译，《演叙"贫穷文化"——刘易斯理述／书写的考掘与谱系：又及我人的阅读与践行》。《贫穷文化——墨西哥五个家庭一日生活的实录》，第57—106页，台北：巨流出版社，2004；丘延亮，《希望的主体——杜汉的社会性运动论诘与台湾社会性蜕变》。亚兰·杜汉著，舒诗伟、许甘霖、蔡宜刚译，《行动者的归来》，第7—46页，台北：麦田出版社，2002。）

　　②　见阿希斯·南地，1998 年《亲内的敌人——殖民主义下自我的迷失与重拾（导论）》，林霭云译，罗永

得不舒服。咀嚼近十年后，本书书名决定译成《贴身的损友》，理由是：贴身在中文中是较"客观"的描述，较少涉及主体感受；（太）贴身的事物不一定令人舒服，贴身的人、事、物常常也不必一定贴心——亲密关系者可同床异梦，最贴身的人如保镖者的如影随形也可以是心存异志、貌合神离的同进同出——只是一种双方情非得已的共在。至于 enemy 一词，其拉丁字源 inimicus 意思是"不是朋友的人"。这个"不是朋友的人"不是和自己没有关系，而是有一种"不是朋友"的关系，这种关系可说是一种悖论的关系——表面是，但内里不是；或名义是，实质不是；貌似而神异的"朋友"关系。在中文的理脉中也可说是一种并非友直、友谅、友多闻的、相互有益的友朋关系；相反的，它是互有损伤的相处关系。这种复杂、微妙、多层次的关系，断非今日吾人习用的"敌人"一词可予涵盖。将它译成"损

生校，出自香港岭南学院翻译系，文化／社会研究译丛编委会编译之《解殖与民族主义》，第89—100页，由香港牛津大学出版。

友"是试图捕捉这种多重意涵的况味。我故意把 intimate 译成"贴身"，enemy 译成"损友"，这样译法和南地的灰色幽默相比，确实黑色是多了些，幽默则少了些；这点我也已先知会过南地，并获得了他的首肯。

多谢各位好友及学生们的一再敦促，更感谢：杨斐如、罗景强、陈雅婷、张馨文、黄咏光、沈宝莉、何燕堂、朱莹琪、黄千桓的协力；加上辅仁大学心理研究所"多重自身——后殖民观点专题"和东华大学多元文化教育研究所"民族志阅读与写作"课程之所有师友的长年参与和陪伴，使我提胆端出丑媳妇半熟的涩果，就教于大方。希望这个基本尚称可靠的文本，可以为华语世界开始与南地对话提供起码的工具和跳板。

2010 年 10 月 8 日

前　言

加缪（Albert Camus，1913—1960）曾经说：
"透过我们时代所特有的一种奇异转调法，赤子
之心（innocence）被召唤来首肯它自己。"

这里的文章所认正和辩护的则是印度挑
战摩登（modern）① 西方殖民主义的赤子之心，
以及这种赤子之心的各种心理上之衍生物。

摩登殖民主义之能赢得它的各项大胜利，
不在于它军事和科技上的好本事，而在于它创
发——和传统秩序乖离的——种种世俗层压体
系的能耐。这些层压体系为传统秩序下的许多

---

① modern，另译为"现代"，见本书后"关键译辞
讨论"。——译者注

人——特别是受剥削和被挤到角落的人们——
打开了种种新的展望。对他们而言，新秩序看
似是走向比较正义与平权社会的第一步，那正
是它的心理引力（psychological pull）之所在。
职是之故，东西方最佳的批判头脑会认为：殖
民主义透过向野蛮地界引入各种摩登的构造可
以让非西方开出摩登批判／分析的精神。正
如"吓人的异教神祇只肯用被谋害者的头颅骨
畅饮神酒"一样，马克思觉得：压迫、暴力和
文化失所的历史不但会产生新的科技与社会动
力，也会在亚洲和非洲催生新的社会意识。这
新的社会意识之所以是批判的，是因为西方
社会批判的传统——自维柯（Vico）到马克
思——曾是批判的；它之所以是理性的，是因
为后笛卡尔（post-Cartesian）的欧洲曾是理性
的。于是乎，非历史性的原始人——有如预期
所使然地——终有一天会见到自己成为自然的
主宰者，接着，成为一己命运的掌握者。

　　许多许多个十年之后，在称为第二次世界
大战的摩登科技神现——或者被称为越南（战
争）的当代多文化交战——之梦魇中，变得明

白显然的是：宰控人群的冲动不但是错误政治经济的副产品，它同时源自一种世界观：这种世界观相信人类相对于非人类（nonhuman）、相对于次人类（subhuman）有绝对优越性；它相信：雄性相对雌性、成人相对小孩、历史的相对非历史的，以及摩登／进步相对于传统／野蛮也有绝对的优越性。

更加日益明显的是：种族灭绝、生态灾难（ecodisasters）和族群消逝（ethnocides）不过是种种堕落科学、病坏心智（psychopathic）的科技与世俗层压体系交合的一个腹侧面（underside）；它们把主要的文明齐齐降格成为一组组空洞的朝仪（rituals）。吾人认识到：自古使然的贪婪与横暴力量——在以人类为宇宙中心的世俗救赎的教条里，在进步、正常、超级雄性质地（hyper-masculinity）的意识型态中，在科学与技术累积成长的理论前——终于找到它新的认受性。

这种认识并未使得每个人放弃他的进化理论，但却已使得少数人有信心对旧的——殖民主义早年批评者们所依仗的——普世主义投出了怀疑的目光。

现在已有人能在替非摩登诸文化与传统辩护的同时将它与基础性的社会批判结合。我们已经有可能去谈论人类理性及批判传统的多样性。我们好像也能够认识到：笛卡尔终究未能为理性下断言，马克思也始终未能为批判精神下结语了。

这种觉知出现的时候，正值非摩登（non-modern）诸文化四面受击，而这些攻击已威胁到了它们的存在之际。当这个世纪在其血痕的纪录中接近尾声时，十九世纪的大同世界之梦竟然又再出现，但这次却成了噩梦。这梦魇以全然划一的、技术宰控的、绝对层压世界的景象缠上人身；用摩登和原始、俗世与出世、科学及非科学、专家或外行、正常对不正常、发展或低度发展、前导和被引、自我解放或被解放，等等两极的定义来萦绕我们。

勇猛新世界（a brave new world）的念头的测试实验最先就是在各个殖民地中进行的。那些实验者——他们不是像土匪皇帝们一样强横暴夺的第一代殖民征服者那样——在当时却是试图帮忙的。他们也曾是包括了一些善意、勤勉的中产教士、自由主义者、摩登化论者(modernists)，以及科学、平等与进步的信仰者。

殖民的土匪皇帝——似乎和任何地方的土匪皇帝无异——专事抢夺、伤人和杀戮；但他们有时就少了一种教化的使命，大都只有粗糙的种族主义或次等人(untermensch)概念；他们带了各自版本的"中心王国"／野蛮人、纯洁／不洁、异教徒(kafirs)／伊朗人(moshreks，印度古代称伊朗人)和耶婆那人(yavanas，印度古代称希腊人)／蔑戾人(mlecchas，佛经中指边地、下贱种)等等的想法，以之去面对——或者预期着要去面对——其他不同的文明。然而，不管这些人曾经多么粗俗、残忍或愚昧，这样的种族主义今天已经面临败北了。

现在也已经到了检讨第二形式殖民的时候——这个第二形式的殖民在第三世界最少经历了六个世代，这些世代被迫去学会将这个殖民视为他们达到解放的必修课程。这个第二形式殖民主义不但殖民人的身体，还殖民他们的心智，令那些心智在被殖民的诸社会中释放各种动势，也彻底改变了这些社会中的各项文化优先顺序。在这个过程中，那样的心智更帮助人们将摩登西方这个地理与时间的物像、普同化为一种心理范畴的概念。**西方**无所不在，在西方的内里与外部，既在结构之中，也在心智里面。

本书主要是关于二次殖民（second colonization）和对它进行抗御的故事，是故文字中不免撞入当代政治。毕竟，我人关怀的是殖民帝国丧亡后犹兀自不死的殖民主义。甚至有一个时期，二次殖民还给了它之前的殖民以认受性；尽管在今天它已从它的根源脱脐独立，即令是那些对抗首次殖民的人，竟也常不免负罪含咎地拥抱了二次殖民。

是故，读者不应把接下来的文章当历史读，而是该当它们是警告的寓言。它们警告我们说：就算是我们熟知的反殖民主义，它们也很可能是在帮心智的殖民进行辩护的。如果下面的这个脚本对于欧洲激进社会评论及启蒙人士而言提出了"扭曲了的"看法，它们也是同

一故事的有机部分；在新的压迫之近切及文化
败北的可能的当下视点以观，我们对它们的看
法当然总不会是一成不变的。我——为了同样
的理由——未曾像别人所乐于做的那样，试图
把某些著名的反动派说得那么可恶；之所以然
者，时代不是把他们的利齿都拔掉，就是把他
们也变成受害者们不知不觉的盟友了。

　　本书认真对待针对殖民主义进行心理抗
御这个看法，但这意味着承担了新的责任。在
今天，当"西方化"（Westernization）成了贬
损之辞时，舞台上又再次出现了更为微妙和精
致的文化**涵化**（acculturation）手段；它们不但
产造了种种合致的典型，也生成了种种不同
的"官式的"异议典型。今天，已经有可能用
一种由摩登世界观予以认可和赞助的——"适
宜""清醒"和"理性"——的方式来反殖民
了！这么一来，就算是反对派，他们的异议也
就变成一种可以预期和控制的东西了。今天人
们甚至可能选择去做非西方；但这个**非西方**本
身却不外乎是西方的一种思构（construction）。
人们于是乎可以选择，不是去做一个东方学主

义暴君［把卡尔·魏特夫（Karl Wittfogel）和萨义德（Edward Said）结合起来］，就是去做革命分子的最爱［把加缪和奥威尔（George Orwell）连在一块儿］了。对于不想做这种选择的人，当然还可以选择不是做塞西尔·罗兹（Cecil Rhodes）和吉卜林（Rudyard Kipling）笔下高尚、部分野蛮的半小孩，就是选择去做——和它相对照的、最令人痛恨的、**棕色皮肤的属性**（brown）多过于**大爷**（sahib）属性的——**棕色皮肤的大爷**（Brown Sahib）。然而，就算是心怀憎恨，这么选取却都不外乎是向胜利者致敬。让我们都不要忘记法农（Frantz Fanon），他对西方最狂暴的谴责是以萨特（Jean-Paul Sartre）式的高雅文字进行书写的。质言之，**西方**不但产造了摩登殖民主义，它还授讯（informs）予绝大部分针对殖民主义的解释；甚至于给对解释进行的解释染上了颜色。

我一开始就说我的文字首肯赤子之心。在一个进化的设辞（rhetoric）透过内部殖民的事实来颠覆（外部殖民下的）社会种种文化，而内部殖民的操作又转而以外部殖民的威胁来认受和撑持它本身之存在的世界里——这个主张必要加大它这发声的音量（然而，在这个世界中我们也日益觉知：上述的两项压迫——内部殖民和外部殖民——是共生互荣的，不消除它们双方，它们没有一个会被消除）。我的下列文字中联想到心理分析家罗洛梅（Rollo May）所说的"真切的赤子之心"（authentic innocence），它包括了儿童之脆弱性；但这赤子之心却尚未丧失它觉知对丑恶的现实感，也知道它自己与那丑恶相"共谋"的真实性。不管摩登心智多么想把击溃殖民主义的功劳归给**世界历史性力量、资本主义的内在矛盾和**政治庸识或统治者们的"自愿性自身解体"（voluntary self-liquidation）等等，最终击败了殖民主义的，却恰恰是这种赤子之心！

但是，屈从者不是只靠屈从来接收这世界的，他们必须有具备种种范畴、概念甚至心智的各式防御机制。靠了这些，他们在——仍然外在于摩登意义的普同主义的掌握之外的——传统世界观中，得以把西方转化成为某种程度上可以被处置的向度。在这组概念中最首要的项目无疑是：受害者他们自己思构认知的**西方**——一个非西方人在经验非西方人之灾厄的基础上，去进行理解的那个西方。不管他们这个理念对精邃的学究是多么生涩的东西，它却是成千上万人的现实；那些正是人们在过去两个世纪中和西方共存且付出重大代价而学习到的现实。

尽管是这么说，这个对**西方**的**另翼**（alternative）①认知思构到底不是粗疏不堪的东西。如果我们见到有一种非西方的建构在不断地要求人变成西方，同时要他以获得的西方质地（Westernness）之力去击倒**西方**的话；同样的，也有一种**非西方**的对**西方**的认知思构，它要求人们输诚于西方的另一个自身，也尽忠于——与那另一个自身结盟的——自己的那个非西方自身。如果在**摩登化**（modernized）了的非西方，以西方的矛攻西方之盾，是属于某些人处置自恨感受的优先手段；同样的，那儿也存在

---

① alternative，另译为"另类"，见本书后"关键译辞讨论"。——译者注

了一个**野蛮的外人**（savage outsider）——既不愿参赛也无意对着干的人——所建构的**西方**。我的文章当然也试图捕捉这些**西方**的另翼。在这个节骨眼上，对这些**外人**——在传译和评说他们的西方时，如果走私夹带进了他们自己的想象、迷思和绮想——我是宽容的。在某些社会里，传译和评说在传统上就是这么干的。在传译时忠于一个人的内我，在评说时忠于自己内里的声音，传译和评说对某些文化意味的并不是紧贴现实——但在另外一些文化中，所要求的却可能是这样。最起码，这就是我为自己在这儿把西方说成是个单一的政治实体、把**兴都信仰**（Hinduism）[①]，说是印度质地（Indianness）、将历史和基督教当成是西方的东西……这些个倾向找到唯一的辩护；尽管这些说法没有一个是真的，但它们都是现实。

我情愿文章中的每一个这类概念都能是**双重意涵**的：一方面它是一个压迫性构造的一个

———————

[①] Hinduism，另译为印度教，见本书后"关键译辞讨论"。——译者注

部分，另一方面它又与受害者连线。是故，西方不仅仅是一个帝国世界观的一个部分，它的种种古典传统和它的批判自身有时也恰恰是针对摩登西方提出的抗议。同样的，兴都信仰既是奈保尔（V. S. Naipaul）所说及的那样的印度质地的东西，它也可以是泰戈尔所体现的那种印度质地。在过去，所有这些差别可以被当作是太细微、被认为可加以忽视。在今天，这些细致的不同已成为人们求生图存的千丝万索。犹甚于前者，今天西方不但产造了它的奴性的仿效者和钦羡者，他还产造了被马戏团般驯服了的反对者及其悲剧性的对决者，教他（它）们在赏识他（它）们的凯撒大帝跟前表现他（它）们斗兽（兽斗）举止之武勇。

本书的文章是献给拒绝参赛人们的凯歌；这些人思构了一个使自己能和另翼的**西方**共同生活的**西方**，他们同时也抵制了西方那个宰制性自身的动情拥抱。

是故，文章中被殖民的印度人不再是殖民主义的单薄心智（simple-hearted）受害者，他们已成为了反抗压迫的道德与认知事业中的参

与人。他们有他们的选取。就他们在西方中
选择另翼的这个向度而言，他们无疑也在从
事评价：对某些事物进行审讯和定罪，对其他
的或不予起诉。就我人所知，一方面泰西(Oc-
cident) 之以一个文明存活下来也部分是由于它
能不断地对自己进行重新评价，而这个评价甚
至还超出了西方的地理范围。另一方面，西方
的制式化了的反对派——那一批对着它干的人
们——却并非如此；不管他们的设辞多恶毒，
他们却并未置身于普同主义的宰制模型之外。
相反的，他们——有如点缀性的异议者——依
然被整合在（或可以说被铸入于）宰制他们的
意识型态之中。是故，我有理由怀疑那些"简
素"的**外方人**（simple outsider）——那一度
受摩登性（modernity）（其武装的分身有时叫
殖民主义）之害因而拒绝参与赛局的人们——
的"普同主义"（比起过去两百年流行的普同
主义）是一个更高层次的东西。

　　我于是毫不犹疑地宣称这些文章是历史的
另翼神话志；它们否定了、也排拒了历史的种
种价值。希望这些书写在行文中捕捉到一般印

度人殖民心态的一些面相。我拒绝把他看作是
被夹在历史铰链中、成为了殖民地中的被欺骗
者，或变为无助的受害者的那个模样。我见到
的他是以他自己的方式打自己的生存之仗，有
时是有意识的、有时却是情势使然的。我只望
在他自相矛盾的多样性中扒梳出他的设定与世
界观。他的方式可能不是我们认为的对抗殖民
主义并与之战斗的最适当方式，但我疑心他是
否会在乎我们的想法。

　　这就是为什么在第二篇文章里，甚至英化
印人（babu）也勉强地被我认可为是足以替自
己社会把西方加工成可消化的药丸的界面性人
物。他们这种人的——既滑稽又危殆的——自
身（selves），保护了他们的社会免受白种大爷
（White Sahib）的欺凌。就算是白种大爷，判
断它定义的量准也不是他的肤色，而是他这个
人在社会和政治上的选择。果不其然，在文章
里，结果白种大爷不是人们形塑的那样的埋身
于阴谋的压迫者；他们反倒是身负俨然生活样
式和身围封闭文化的自愿性共同受害者——被
夹在自己每日咒骂的种种历史铰链当中。我们

甚至可以说，在阿道夫·艾希曼（Adolf Eich-mann）的时代，一个吉卜林，他能祈望的不过是成为一个非英雄的一等步兵或者是火炮的充填手。所有的救赎理论——现世性（secular）的也好，非现世性（non-secular）的也罢——一旦没有能力了解殖民者对他自身的贬损性，它们就间接地肯定了压迫者的优越性，也从而和他们产生了共谋关系。

之所以如此，理由简单：在摩登的主子和非摩登的奴仆间，我们必须选站在奴仆一边，不是选取甘愿贫穷或首肯灾厄的超绝，也不只是因为奴仆受宰制，甚至不是因为奴仆们劳动（马克思说奴仆从事劳动遂使得他比主子更少些疏离）。我们选站在奴仆一边，因为他替现（represents）了更高层次的认知——这个认知强制性地将主子归入了属人类的范畴；相对的，主子的认知则将奴仆排除在人属之外，只能把他当作"东西"来看。

终极而言，相对于传统性压制，摩登压迫并不是自己与敌人，或统治者对被统治者，或诸神对众鬼的对峙。争战的双方毋宁是非人化了的自身对物体化的敌人、技术化的官僚对被他定位的受害人，假统治者对他们自己的——投射自他们"臣民"方面的、提心吊胆的——另一个自身的争斗。

这些就是十字军和德国纳粹集中营、兴都—回教（Hindu-Muslim）①，暴乱和摩登战争的不同之处。职是之故，本书的文字谈到的恰是不同样式的受害者。当说到胜利者时，胜利者最终也被证明为不过是穿上伪装护甲的受害者；而正是这些人，他们恰恰处身在更严重的心理坏死阶段里面。

本书首先寻绎（enquiry）对不列颠印度之殖民主义文化予以支持或予之排拒的种种心理构造和文化势力。但它也隐然地是对后殖民意识进行的研究。它处理了殖民经验中较自知地出现的种种印度传统因子，也探讨了各种文化与心理的策略；检视它们如何——在对自身存有（selfhood）进行最少的防卫性再定义的

---

① Hindu-Muslim，另译为"印度穆斯林"。——译者注

情况下——帮助社会在那经验中存活过来。

是故，本书其中一部分，印度的殖民化在
1757年——普拉西战役中印度败北时——开始，
直到1947年不列颠自印度撤退结束。而在书中
的其他部分里，殖民主义始于十九世纪二十年
代后期，因为在那时和殖民文化理论同步展开
的政策开始实施；它也中止于十九世纪三十年
代，当甘地把这个理论拦腰折断为止。第三部
分殖民主义则始于1947年，殖民文化的外在支
撑中止了，人们对它的抗御却仍继续的时候。

毋庸讳言，我未试图为处于殖民主义下的
印度人心智提供一个完整的图像。我甄选了我
的例子，也挑拣了我的传讯人（informants），
为的是指出一些相当特别的重点。这些重点是
政治性的。它们的参考系寓于公共政治的领
域，也在文化政治与文化知识的场合里。在这
两个层面上，它牵连进通常用来分析人造灾厄
的摩登政治范畴当中。其中未曾明言的设定
是：在摩登社会科学的本部——于其中，人们
成为了这科学研究的"对象"、消费者或者被
实验的东西——之外，道德上敏感、文化上扎

根的另翼社会知识早已经是部分地存在了。

　　文章里说到两种不同的殖民主义，在考察当中一个的主体存有（subjecthood）时我人必须也对另一个主体存有的觉知活动一同进行考察。

　　上面这个架构解释了我何以不完整，几乎如侠客般率意地使用传记材料，也说明了我何以故意地误用借自摩登心理学和社会学的一些概念。其目的当然不在于调适、更改或增补各种印度的经验，有期于教它契适（fit）于既有的各种心理学和社会理论；它更不在于为文化相对主义——或更**相对论**的跨文化心理学——提供一个较好的个别案例。我的目的在于：使得当代知识中与之有关的范畴，在印度的辞语中产生意味，进而将这些范畴置入一个与之竞匹的普同理论当中。西方殖民主义的臣服者非意识性地在做的事，我却尝试——在未全然摒弃我在专业上的包袱的同时——有意识地去将就。被殖民的印度人并不总是想要去更正或扩充东方学主义者（的论诘）的；在他们极为歧异的途程上，他们试着创发种种不同论诘之另翼话语，这恰是他们的反殖民主义。那一切也可以被变成是我们自己的东西。

　　本书当中我引艾斯瓦·钱德拉·维迪亚萨加（Iswar Chandra Vidyasagar，1820—1891）为例，尽管他是个不可知论者且心仪西方的理性主义思想，他却活得像个正统的印度博学者（orthodox pandit），他使用在地的辞语来型构他的异议。他没有用洛克（John Locke）或休谟（David Hume）来和印度的《摩奴法典》（*Manu saṁhitā*）相对照；他用的是印度自己的《帕茹阿沙尔佛经》（*Parāśara Sūtra*）。借这个方式，他不但处理了种种印度社会问题，也用它来对付外来的理性主义思想。（我相信——也许是错的——理性主义本身恐怕也可以从它这个特异版本中获取些教益吧！）

　　我想强调的是第二部分故事：一种自丑恶的新经验发展出的高敏感度（非英雄性却具批判性的）传统主义。尽管它听起来难免像是另一个未解决的"反向传会"（counter-transference）个案，我冀望本书能对那个潮流的批判意识有所助献——对一个以重新解释传统来创发新传统的传统。

不可否认，下面的书页里，我从当代各种社会科学中撷取了各种线索，并跟它们争辩。但是，我的对话或辩论针对的主要是那些在过去（以及继续还在）型范（shaped）印度人意识时产生影响的意见。我无意针对各门专业社会科学的自身世界，因为摩登殖民主义是太严重的事情了，万万不能完全留交在那些社会科学手里。

对那些除非知悉任何方法学中都存在的自利因素，否则就不快意的人——我自己是其中之一，我的取径**无疑**给了我特殊的、也颇不公允的有利性。我疑心要纯专业地批判这本书是行不通的。如果你不喜欢它，你就得像对抗神话一样地对待它：去建构或起死回生更多一些能信服人的神话。

尽管如此，就算是神话也有它们各自不同的偏见。我也就得点出和我（的神话）相关的一些偏见。

在下面的文章里，我故意地聚焦在现有的各种传统上面：包括强调古典、纯粹和地位高超的；也包括——与它相对的——民俗、杂乱、低级的；并尝试去处理这两个方面的辩证关系。我已经说过，我要绘出的是非英雄的印度人应付西方威势的情状。对他而言，古典或民俗、纯粹或混杂，全都是较大剧目中的一个一个部分；他会无分爱憎地把它们用到后殖民印度的心智战斗上面。

其次，我会谈一谈对于心理人类学和弗洛伊德的社会心理学的比较学术性的关注——对它们我维持了二十年密切的关系。如果本书早写五年，本书会更多借用它们的理论框架——这方面有关的著作有它们明确的传统，我也必须说明本书和它们不同之处在什么地方。

我**未曾**试图在书中凭据任何健康、土著或本土等固定的有关概念来解释印度人的人格和文化；也未试图显示他们在殖民统治下的命运。相对的，我假设人格与文化间有它们的连续性，并在其中看到种种政治和道德的可能性。这些可能性有时被接受、有时不。换言之，我企图保持深度心理学的批判棱角，但是将批判的中心从纯心理学转到了心理—政治的层面。这些文字也同时试图把传统心理学的种种去神秘化技法予以去神秘化。

如此一来，它或许意味着我把关于印度人格的经验性提纲照单全收了。过去二十五年来，极多的心理治疗师、心理分析者、人类学家、哲学家，甚至政治经济学家对印度心智的极多面进行了研究。这些知识今天已经成为了印度人自我形象的一部分。我认为我们应可在上面加建。是故，我不曾——为了随后分析的完整性——先说太多印度人自身存有各个方面的事情。我也未曾充分公正地对待我召唤来为我说话的过往目证者，或者十足对得起那些被我挑拨起来的各种书写传统。在这方面，我也有罪于在文中留下了若干不曾收束的线索，要麻烦爱挑剔的读者自己去构联——读者不是得靠着他对印度心智与文化的超绝智识，就是得依仗他对它们的直观去了解了。

无论如何，我希望我已经为今天生活在这个文明中的可能意义提供了**一条**线索。如果我多少将那个意义从文化相对主义的枷锁中予以释放，或多少能够以一个对另翼普同性的诉求还给它，我文章中对印度传统的解释就不算白费了！它或许会对受到冲击的其他各种文化有参照之益吧！毕竟，这篇文章建基的假设是：所有人造的灾厄是同一的，每个人都有责任。

最后，关于我语言中可疑的"性别主义"。这个争议已缠住我的脚步一段日子，我想要一口气把我的立场讲清楚：英文不是我的母语，尽管我觉得它有味，到底是强加于我的东西。到今天我仍常以我们的班加里语来思考，在写作的时候才以英文译出。三十年的苦功虽然让我如今有能力以英文书写，当年以英语强加予我者的子孙们却告诉我说：他们的祖先教了错的英文给我，而我必须重新学习它。老实说，我太老了，学不成了。尽管这样，那些因我的语言觉得被冒犯的人，有以自我告慰的是——如果他们记得的话——我用来思考的语言在传统上一直是把雄性和雌性予以不同对待的！

一部分的《殖民主义的心理学》已于1982年《精神病学》（*Psychiatry*）第45卷第3期中发表；它是对印度社会科学研究委员会（Indian Council of Social Science Research）资助的回应。下列人士为文章提供了详细的批评与建议，裨益甚大：André Béteille、Manoranjan Mahanty、Sumit、Tanika Sarkar、Kenichi Nakamura、W. H. Morris-Jones 和 Veena Das。

《非殖民的心智》一文是我在 1978 年 7 月在 Poona 由世界秩序模型计划（World Order Models Project）所组织、题为"文化、权力和转型"（Culture, Power and Transformation）的会议发言中发展出来的。其中一些部分于 1982 年《选择》（*Alternatives*）第 8 卷第 I 期与 1978 年 10 月的《印度时报》（*Times of India*）上发表过。现在的版本获益于以下人士的批评与建议：辛哈（M. P. Sinha）、戴辛格（Giri Deshingkar）、拉蒂（Girdhar Rathi）和夏斯特里（R. A. P. Shastri）。前言的内容采自 1983 年 2 月《印度时报》上的一篇文章。里雅（M. K. Riyal）和钱德拉（Bhuvan Chandra）准备了文稿；德布（Sujit Deb）和夏尔马（Tarun Sharma）帮忙编纂了书目。不是因为我内人乌玛（Uma）和女儿阿蒂提（Aditi），也许这本书会早些完成，但一定不会是现在这个样子的东西吧！

1983 年

第一篇　殖民主义的心理学

——不列颠印度中的性别、年龄和

意识形态

I

殖民主义毋宁是一种情操而非政策，它的各种基础是道德的、不是智识的……

——萨默维尔（D. C. Somervel）[1]

我们在过去的两百年中变得知晓了、也日益清晰了的是：我们不能只靠着经济的利得和政治的威势来指认殖民主义。好比日本殖民者在满洲就不断蚀钱；在中南半岛（Indochina）、阿尔及利亚、安哥拉、法国和葡萄牙的政治威势旷时不增反减。这些事实却并未使得满洲、中南半岛、阿尔及利亚和安哥拉作为殖民地的性质比较少；它也并不否证经济

---

① 见 *English Thought in the Nineteenth Century* 一书（New York: Longman Green，1929），第 186 页。

利得和政治威势是创造一个殖民情况的重要**动机**。这些事实只是显示了殖民主义可被凸显的另一个面相：尽管它是志在追寻经济和政治好处，但有时却未获预期**实惠**；有时甚至产生政治及经济上的亏损。①

　　本文主张殖民主义的第一个特征是殖民者与被殖民者内里的一种心智状态；这种殖民意识包括想从殖民地获取政经利益，有时却无法实现的欲望，但它也包括了其他的东西。殖民的政治经济学当然有它的重要性，然而，殖民主义的粗糙性和虚幻性却主要地表现在其心理学的侧面。从摩登殖民主义进入世界视野以来，其主制程度已经达到：用来描绘殖民主义下心智的各种变项本身都被政治化成为政治心理学的常数。下文将讨论殖民主义的统治者与被统治者内里的一些心理路径，试图指出殖民主义是一种（他们）共有的文化，它既非总是始源于外来统治的启立，也未必终止于外来统治者自殖民地离去。我要用的是印度例子，在不列颠帝国主义意识型态的全面开出成为主制之尊的前七十五年，那儿的殖民政治经济已经开始运作；就是这个地方，即令在殖民地借王公们（Raj）统治正式结束了三十五年后，在许多生活的

————————

　　① 我暂时先略过这么一个事实：在我们这个时代里，殖民诸社会在第一世界本身的政治权力赛局中也是斗输了的。

部门中，殖民主义的意识形态仍然在胜利前行。

这种政治和文化的脱节之所以可能，是因为那种认为殖民状况是靠着产造帝国主义理论来首肯自己的想法，只有一部分是对的。殖民主义其实也是植根于殖民者与被殖民者双方之种种早先社会意识中的心智状态。它替现了某种文化的连续性，也负载了某些文化的包袱。

首先，它包括统治者与被统治者双方共有的种种规例（codes）。这些规例的主要作用在于它们改变了双边原初文化中的各种优先顺列，将两个对峙文化内过去隐藏或居于下位的种种次文化带到了殖民文化的中央。在这同时，这些规例又把每个文化中以往重要的各式次文化从中心转移出去。正是这些崭新的优先顺列，它解释了何以一些最令人瞩目的殖民体系，它们的建立者其实是一些在意识形态上首肯于开放政治体系、自由主义和智识多元论的社群。这个分裂也是平行于摩登科学理性世界的内在矛盾的：当它在自身的范围内维持理性的同时，它在擅取了对世界的主导后，就从来都不间断地拒绝针对（vis-à-vis）其他不同的传统智识也诉诸理性；这当然只是同一个解释的另一个侧面。① 再者，这也

---

① 有关这里的其他矛盾，请参见 Paul Feyerabend 的 *Science in a Free Society* 一书，（London: NLB, 1978）。而 Claude Alvares 的 *Homo Faber: Technology and Culture in India, China and the West, 1500—1972* 一书，（New

解释了何以殖民地在形式的政治自由获得之后，殖民主义似乎从来未曾结束。作为一种心智的状态，殖民主义是一种由种种外部势力释放出来的在地性的过程；它的根源是深植于统治者与被统治者的心智中。说不定启自于人们各种心智的事物也必须在人们的各种心智中才能够结束吧！

　　其次，殖民主义的文化也预设了一种"经理"（managing）异议的特殊形态。显然地，殖民体系借着施加于被殖民者社会经济及心理上的奖励或惩戒来维系它自身，借之使得被殖民者接受一种新社会规例（social norms）和新的认知范畴。然而，这些外在的诱因与反诱因却无可避免地会受到针对性的关注和挑战，它们也就变成为明确的压迫与宰制（dominance）的指标。但是，比那些压迫与宰制更危险和恒久的却是各种内在性的奖励和惩罚——它们来自在殖民主义下屈从和挫伤后的种种第二度心理重获和再失落———些几乎总是我们予以忽视的、认为它们是属于潜意识的东西；在

Delhi: Allied Publishers，1979），更是清楚地把中国和印度的这种情况呈现出来。请同时参见阿希斯·南地的"Science, Authoritarianism and Culture: On the Scope and Limits of Isolation outside the Clinic"一文，M. N. Roy Memorial Lecture，1980年，收入 *Seminar* 一书，1981年5月，第261期和 Shiv Viswanathan 的"Science and the Sense of Other"一文，于 New Ideologies for Science and Technology 研究会上发表，Lokayan Project，1982年，Delhi，油印版。

它当中最强劲的是一种内在的拒抗：抗拒去认识殖民主义对其受害者们造成的终极强暴——也就是说，殖民主义产造了一种文化，在这种文化中，被统治者不断自囿在统治者所设定的种种心理界限的范围里面，和统治者进行抗争。毫不意外的是，我们时代里许多反殖民运动中的一些特定概念，它们本身经常就是帝国文化本身的产物，就算是采取了反对立场，这些运动也不免各自对他们的这类文化源头表现出效（孝）从。我心中所想的不光是动员殖民地社会精英们的西方自由主义之明确的日神式的（Apollonian）规例；它更包括它的种种隐在的酒神式的（Dionysian）相对部分——种种有关治国术、日常政治、效能治理等等之技法及乌托邦概念——它们一直都被不同的革命运动用来指导自己如何去对抗殖民主义。

在上述这两个过程的理脉上，下文考察了不列颠印度的殖民意识形态是以什么样式建立在不列颠（Britain）划分建制的两个基本范畴——性别和年龄——的文化意义之上；继之，研究这些意义与传统如何与印度相对应的部分对峙——又如何在甘地主义的种种新的化身中碰撞。

II

西方殖民主义在亚洲、非洲和拉丁美洲之所以一直使用性别与政治宰制的同系逻辑（homology），绝对不是殖民历史的意外产物；它和西方曾经涉入的其他各种压迫情势极为相关——其中，美国黑奴的经验更是最具充分证据的一章。这个同系逻辑——它从西方文化广泛范围内对心理的双性质地（bisexuality）的否定中汲取了支撑——也更彻底地认受了欧洲中世纪后的种种宰制、剥削与残暴模式，且把它们当成是属自然和有理的东西。殖民主义也不例外，它也和西方存在的各种性别刻板印象以及它所替现的那种生命哲学相合流。这一切造了一种文化共识，认为政治与社会经济的宰制乃征象了男人以及雄性质地对女人及雌性特质的宰制。

在不列颠统治印度的早年岁月中——自 1757 年到 1830年，当时不列颠中产阶级并未在主导的文化中占宰制地位，统治者们也多来自封建的背景——性别和政治宰制间的同系逻辑并不构成殖民文化的中心。① 其时大部分的统治者和被

———————————

① 法农是首位指认出在各殖民地中，欧洲的中产阶级文化之成为

统治臣民也尚未将殖民统治内化为一种男尊或夫权／君主的特权。这儿说的不是殖民主义的微观政治（micro-politics）而是它的宏观政治（macro-politics）。尽管在印度的不列颠人当中，身上带着种族歧视和虐待狂的个人并不少见，但即令不列颠的统治已经建立，不列颠文化在印度却未在政治上成为主宰（dominant），以种族为本的进化主义在统治文化中也仍然不那么明显。在印度的大部分不列颠臣民（Britons）在家里或办公室中都和印度人生活无异；他们穿印度衣服，

心理宰制的人。见他的 *Black Skin, White Masks* 一书，C. L. Markman 译（New York: Grove, 1967），及 Gustav Jahoda 的 *White Man* 一书（London: Oxford University Press, 1961），第 102、123 页。引自 Renate Zahar 的 *Frantz Fanon: Colonialism and Alienation* 一书（New York: Monthly Review Press, 1974），第 45 页。James Morris 曾说，在印度的脉络里："直到 1835 年，我人察觉到在岛国之民当中出现某些沾沾自喜之情，而那些优越腔调不像后来一样是来自傲慢的右翼，而是来自高度强调道德的左翼。这些中产阶级——新近获授予代理权的人——后来进入了权力当中；恰恰是这些中间阶层者，他们更在后期的维多利亚统治期间被人证实是最热衷于帝国主义的。"（*Heaven's Command: An Imperial Progress* 一书，London: Faber and Faber, 1973 年，第 38 页）。

恰恰在中产阶级文化和帝国主义精神间的关联性这个理脉上，我们才能够搞懂心理学家安文（J. D. Unwin）提出的这个论旨："只有性欲上被限制的社会……才会去继续扩张。"（*Heaven's Commands* 一书，第 30 页）不列颠印度的政治文化无疑是不列颠的封建主义和不列颠的中产阶级文化之间的辩证产品。但我不想在此进入有关其辩证的细节。

也奉行印度习俗及宗教教仪。很多人娶了印度女人为妻，也向印度的男神及女神献上普迦（pūjā）——也同样生活在对婆罗门僧法力的恐惧与敬畏中。例如首两位以贪婪著称的总督即以他们对印度事物的尊从著称；在他们的统治下，传统印度的生活方式主宰了不列颠印度政治的文化。不列颠印度的军队甚至会祭拜印度的神祇；最少有一个实例显示，军队从庙宇的常年收入中搞钱。犹有进者，教会传教活动在不列颠印度是被禁止的；法庭以印度的法律为主，教育体制也是印度式的。[①]

就算是在不列颠，那种把自己当作是一个帝国的想法到了1830年后期仍然广受怀疑。到印度等殖民地去游访的客人常常会觉得那儿的不列颠当局"多少有些像滑稽剧"。[②]

---

① 例如见 Harihar Sheth 的 *Prācīn Kalikātār Paricay* 一书（Calcutta: Orient Book，1982）新编；Binoy Ghose 的 *Kalkātā Culture* 一书（Calcutta: Bihar Sahitya Bhavan，1953）；Morris 的 *Heaven's Command* 一书，第75—76页。

② 见 Morris 的 *Heaven's Command* 一书，第20、24页。Morris 的总结如下："总的来说，不列颠人当时并没有帝国的想法。他们只是富有的、胜利的、被钦羡的。当时他们众多的工业尚未缺乏市场，他们在战略上并不脆弱，也大多只专注在国内的各式争议上。当皇后被加冕时……我们可以肯定她几乎没想到她在海外的属地。当整个世界只是简单地把她的王国称为"英格兰"时，对于她———一个岛国的皇后——来说，甚至威尔斯人、苏格兰人和爱尔兰人都是一样的陌生人。……不，英格兰好像在1837年

那些东印度公司的群绅们（gentlemen）并不真正意在于统治印度，他们只有兴趣在印度搞钱，[1] 这也就无怪乎他们的种种行事都变得无所不用其极了。

然而——随着不列颠中产阶级的基督福音精神怒放——不列颠—印度政治文化的双方一旦开始对不列颠宰制给予种种文化意义时，殖民主义的本身才可以说是于焉生成了。[2]

时并不需要帝国，整体看来，不列颠人也对于他们的殖民地未感到什么兴趣。我们如何去想象有人会对于如加拿大那样的国家感兴趣呢？当时的加拿大总理兼墨尔本公爵（Lord Melbourne）就称它为一个'连鲑鱼都对苍蝇不感兴趣'的地方。"（第25—26、30页）

[1]　见 Morris 的 *Heaven's Command* 一书，第71—72页。

[2]　在1857年的印度佣兵兵变（Sepoy Mutiny）后，早年推动印度社会改革的不列颠"普同主义"退位了；由于害怕有第二次的兵变，第二阶段换上了对印度文化的"容忍"。但是这个新的文化相对主义，明显地在被视为是婴儿期及败德的印度文化，相对于不列颠公立学校的产物——严肃的、勇敢的、自制的"成年男人"（adult men）——间划下明确的界限（Lewis D. Wurgaft 的 "Another Look at Prospero and Caliban: Magic and Magical Thinking in British India" 一文，油印版，第5—6页）。Wurgaft 的这个分析则有一部分来自 Francis Hutchins 的 *The Illusion of Permanence, British Imperialism in India* 一书（Princeton: Princeton University Press, 1967）。虽然如此，这个转变并未改变殖民与被殖民者的根本关系。好比在 Albert Memmi 眼中的非洲，"好的"和"坏的"殖民者，不过是同一个机器里面扮演具备同样主要功能的两种不同齿轮。见 Memmi 的 *The Colonizer and the Colonized* 一书，Howard Greenfeld 译（New York: Beacon, 1967），以及 Wurgaft 在 "Another Look at Prospero and Caliban" 一文，第

特别是当不列颠统治者们——以及暴露于其下且内化了被殖民角色之定义的印度社会部类———旦开始以改革者的狂热、用性别和政治层分制（stratarchies）之间同系逻辑的语言发声之后，针对人们心智的争夺战才变得由王公（the Raj）一方取得主要胜券。

这样的文化共谋中首要的是，心理分析学说称之为**与侵凌者认同**的过程。在一个被压迫的情势下，这个过程变成了成长理论的倒转：一种对个体发生学的自我防护的认受，它通常是在孩提依赖的环境里的正常儿童，在跟具备全势的强力成人之绝对宰制相对峙时所采用的。在殖民文化中，和侵凌者认同则使得统治者与被统治者被捆绑在一种拆散不了的双造关系（dyadic relationship）中。印度王公们把印度人视之为隐性的野蛮人（crypto-barbarians），急需进一步文明化

12—13 页。C. Northcote Parkinson 在他的 *East and West* 一书（New York: Mentor，1965），第 216 页，简单地总结道："给人们造成伤害最深的则无疑是那些有学问的、有效能的、有礼貌的欧洲人。"

这个过程是更大图像的一个部分：它牵涉到否定了欧洲前摩登时期对东方的概念；也包括按照殖民主义种种需求来重新把东方加以组合，并置放进入欧洲人的意识中。这部分可参见文本的第二部分。有趣的是，对十八世纪的许多欧洲哲学家——例如像伏尔泰（Voltaire）那些人——而言，中国恐怕在当时世界上拥有最先进的文化。但到了十九世纪，中国人对欧洲的文人雅士而言，却变得像是原始人了。

他们自己；这个想法把不列颠统治视为进步和一种（文明化的）职分。相对地，不少印度人则要把将自己变成更像不列颠人当作是他们的救赎，为敌为友皆然。尽管他们不一定完全同意不列颠人关于勇武种属的想法——即一种超级雄迈、明示勇气、极端效忠印度卡斯特（castes）和次文化的、与不列颠中产性别刻板印象相映成趣的念头；但他们确曾试图复振潜藏于传统印度治国理念中的勇武种族的一些意理，尝试给予它新的中心地位。许多十九世纪印度的社会、宗教和政治改革运动——加上许多文学和艺术运动——也试图将**刹帝利自身**（Kṣatriyahood）当作是统治者与被统治者间唯一"真切的"界面，几乎把它当成了真正印度质地（Indianness）的唯一指标。

对**刹帝利自身**的新的强调，其源起与功能可在下列事实中得到最佳的证明：追寻勇武的印度性——和那些背负了殖民主义心理包袱者所相信的恰恰相反——所背书的却恰是印度社会中一个最强劲的协同共谋势力，它们以大部分印度的封建诸侯为其代表，其中更有不少呈现在他们种种抗议殖民主义的方式之中——例如在班加里邦（Bengal）、马哈拉施特拉邦（Maharashtra）和旁遮普邦（Panjab）等地发生的、由半西化（semi-Westernized）、中产阶级、城市青年所领导的无限勇猛却效力甚渺的恐怖主义。

这种意识改变的发生可以用殖民印度的三个中心词汇予以概括：Puruṣatva（雄性质地的精髓）、nārītva（雌性质地的精髓）以及 klībatva（雌雄同体质地的精髓）。

由雄性（Puruṣatva）和雌性（nārītva）所定义的两极——在殖民的文化政治中——渐渐由反义词的雄性（puruṣatva）和雌雄同在性（klībatva）所取代；雄性质地中的雌性质地（femininity-in-masculinity）于是乎被视为是一个男人政治名分的最终否定——它是比雌性质地本身更具危险的病态。有如其他不同的文化——包括前摩登基督教的某些流派，印度人也有它关于好的或坏的雌雄同在性（androgynes）的种种神话，也有对可赞赏或可鄙视的雌雄同体的不同想法。而今，把所有形式的雌雄同在性一竿子打尽的念头出现了；不但如此，更同时将它们和无法分解的独一雄性特质对峙而立。泰戈尔（1861—1941）在他的小说《四章》（*Chār Adhyāy*）中即极出色地捕捉了这种转变中衍生的痛苦。书中主角的内心冲突是以布拉马班达·乌帕迪亚（Brahmabandhav Upadhyay，1861—1907）为模本的——它模写了一个真正的革命者，同时是天主教神学家和吠陀派信徒（Vedāntist）的他，如何处身在种种道德与政治的进退维谷之中。泰戈尔在第一版中写了个感人的序——却因为得罪了不少印度人所以再版时不得不把它删除，序中他感知了这个革命友人的个人悲剧：他因为为了受苦者进行抗争而被迫放弃了自己对自性（svabhāva）和因天姿而负之责任（svadharma）的信念。令人感叹的是在写《哥拉》（Gorā）《四章》的二十七年前，泰戈尔已在他的小说中进行了他对同样文化变迁的处理，模写的说不定是同一个真实的人，也传导着类似的政治讯息！①

在前甘地的年代，有不少抗争运动受到了这样文化变

---

① 泰戈尔的小说"Chār Adhyāy"一文，收入 *Racanāvalī* 一书（Calcutta: West Bengal Government，1961），第 875—923 页；小说 "Gorā" 一文，收入 *Racanāvalī* 一书，第 1—350 页。有关 Brahmabandhav Upadhyay 的部分，请参见 Smaran Acharya 的一篇简短文章 "Brahmabandhav Upadhyay: Rabindra-Upanyāser Vitarkita Nāyak"，收入 *Desh* 一书，49 卷 20 期，1982年 3 月 28 日，第 27—32 页。而泰戈尔对于他在 *Chār Adhyāy* 小说里就极端主义立场所受批评的回应，可见他的 "Kaifyat" 一文（1935），由 Shuddhasatva Bosu 引用，收入 Bosu 的 *Rabindranāther Cār Adhyāy* 一书（Calcutta: Bharati Prakasani，1979），第 7—10 页。而 Bosu 亦对这本小说提出了一些有趣的、与政治相关的分析。

我非常感激拉姆钱德拉·甘地（Ramchandra Gandhi）向我指出，即使是辨喜——他的雄性兴都信仰主义逼使他和他崇敬的雌雄同体的宗派大师罗摩克里希纳（Ramakrishna Paramahamsa）清楚地划清界限——在他短短一生的尾声，也痛切地体认到了他的雄性兴都信仰主义中所替现的种种文化变迁。而有关印度的雌雄同体的传统和其神话故事，可参见 Wendy D. O'Flaherty 的 *Sexual Metaphors and Animal Symbols in Indian Mythology* 一书（Delhi: Motilal Banarsidass，1980）和 *Women, Androgynes and Other Mythical Beasts* 一书（Chicago: University of Chicago，1980）。

迁的收编；它们寻求以击败不列颠人来救赎印度人的雄性质地，在势不均力不敌的情势下，它们企图从强暴性**权力游戏**及"强硬政治"的悲惨败北记忆中把印度雄风一口气解放出来。这么一来，这个操作却第二次地认受了殖民宰制文化中经已成为了男人性（manliness）最终特征的各种判准：侵凌、成就、控制、竞争和权势（power）。①

---

①　尽管很多上述的特性和印度的雌性特质在传统上是关联的，但情况仍然如此。详请参见我的 "Woman Versus Womanliness in India: An Essay in Political and Social Psychology" 一文，收入 *Psychoanalytic Review* 一书，1978 年，63 卷 2 期，第 301—315 页；亦收入 *At the Edge of Psychology: Essays in Politics and Culture* 一书（New Delhi: Oxford University Press, 1980），第 32—46 页。例如我们可以找到好意的 M. C. Mallik 在 *Orient and Occident: A Comparative Study* 一书（London, 1913），第 183 页（引自 Parkinson 的 *East and West* 一书，第 210 页）中提到："甚至是友善的欧洲人也感叹印度人本性和举止上缺乏男人性。经过了这么多这么多世纪被各种宗教、精神尊师和政治教师的强制，加上种种令人丧志的社会条件，任何男人性尚能幸存倒是奇怪的事。尤其是要由个人来予以表示出就更困难了；他们的父母、教师、精神导师和政治统治者们都把它们当成是属傲慢和不忠的东西，一直在加以劝阻……"当代印度中又再加上了一个小小悲剧：它的最佳产品萨蒂亚吉物·雷伊（Satyajit Ray）在他的电影《棋手》（*Shatranj Ke Khilari*）中以更微妙的方式表达了相同的感知。雷伊对在现实政治权谋上输给不列颠治国术的那个既歌且舞的诗王的爱恨交加之情，替现了的是 Mallik 那种觉知的精致化版本。详请参见我在 *Sunday* 一书（1981，第 56—58 页）里的 "Beyond Oriental Despotism: Politics and Femininity in Satyajit Ray" 一文中对这部电影的影评。

[目前，我暂时不谈日渐平行于这个意识的种种结构性变迁。肯尼斯·巴拉切特（Kenneth Ballhatchet）不久前就描述了不列颠士兵一方面和行政官员之间，另一方面与印度女性之间的——事实上由官方推广及系统性地予以建制化的——遥距亲密性（intimacy）。[1] 我也暂搁置少数作家们反映出的对另一种平行的潜在认识：[2] 在印度的白种女性由于潜意识地自认是印度男人的性竞争对手，而常变得更具排他性，也更加倾向种族歧视；因为她们恐惧她们的男人会和印度男人发展出潜意识的同性恋关系。"消极抵抗"和"不合作运动"既运用了自由主义的政治建制，更拮用了这种结合关系。它们之变得有用，乃鉴于维多利亚文化中对于两种雄性质地的理念型已经出现了的分殊：据巴拉切特等人的观察，低下阶层人们被预期会用表现出他们的性能力来表现他们的男人性；另外，上层阶级则被认为应该以保持男女距离、节欲和自制来首肯他们的雄性质地。前者与西班牙、葡

---

[1] 见 Kenneth Ballhatchet 的 *Race, Sex and Class Under the Raj (London: Weidenfeld and Nicholson, 1980)* 一书。我曾在一篇评论里详细说明了 Ballhatchet 这篇文章和本文论点之间的关系，收入 *Journal of commonwealth and Comparative Politics* 一书，1982 年，20 卷 2 期，第 29—30 页。

[2] 这个隐现的觉知在 E. M. Forster 的写作中几乎接近到被明说出来的地步——而他自身是个同性恋者。见他的 *A Passage to India* (London: Arnold, 1967) 一书。

萄牙的统治风格，也与较为次之的法国在拉丁美洲和非洲的
殖民主义形态相匹配；后者则无疑地与传统印度某主要流派
的男人性观念相一致。婆罗门僧侣的守身、自我否定的苦修
主义是一种建立在传统上的雄性彰显；相对于它的则是刹帝
利（Kṣatriya）的暴力、"刚壮"和积极。不管对现代意识而
言是多么的不可思议，后者在印度所代表的却恰恰是宇宙的
雌性原则——这些正是传统印度对刹帝利自身之作为一种生
活方式所设置的限制。为了避免混淆，在本文中我将避免使
用认为在超级雄性质地（hyper-masculinity）中包括了避离
性事，或涉及雌雄同在之正面性等意味的语言。]

在那么一个文化中，殖民主义并不被视为是一种绝对的
邪恶。对臣属者而言，它是个人——相对于有认受性的权力
政治——自己没有骨气和败北的结果。对统治者一方，殖民
剥削不过是一种生命哲学偶然或可憾的副产品；而那种生命
哲学却又是和政治与经济组织的种种优越形式和合一致的。
这是所有印度统治者都意识性地或非意识性地去追求欲达的
共识。他们不可能一方面成功地统治一个大陆般的政体，另
一方面又觉得自己是道德上的残废者。是故，他们不能不建
筑防御工事来抵挡可能来袭的罪恶感；而那种罪恶感却必然
会自他们种种行止和当时种种（就其自身文化中的主要规范
而言的）"真正的"价值间的断层中冒升出来。

　　与此同时，他们的（殖民的）臣属者如果不（多少能）接受这体系的意识形态，这些臣民就不可能在长远的基础上参与协同共事——不管他们是在参赛者一边或是在对着干的人的一边。也只有这样的一种方式，这些人才能在无可避免的非正谊情势下保有最少最少的自尊。

　　当这样的文化共识在滋长时，对殖民者产生的种种威胁中最主要的不能不变成是一种潜在的恐惧：害怕被殖民一方会排拒上面这种共识，害怕他们除了按照确立的规范试图补赎他们的"雄性质地"而变成统治者的对手外，他们会转而去发现另翼的参考架构——这个新的参考系能使他们不再感到自己是软弱、退化和被扭曲的人，也不再试图去打破统治者对大男人气概的垄断。一旦这个情势发生，统治者就开始生活在恐惧之中，害怕臣属者有可能开始把他们的统治者们看成是在道德上和文化上的次等人，接下去又会把这个看法回馈到统治者们自己的身上。① 质言之，被去除掉了一种（殖

---

　　①　我在 *The Politics of Awareness: Traditions, Tyranny and Utopias* 一书中的 "Oppression and Human Liberation: Towards a Third World Utopia" 一文的前言中简要地提到了这一点（同时也收入 *Alternatives* 一书，1978—1979 年，4 卷 2 期，第 165—180 页）。在这个题旨上，请读 Memmi 的 *The Colonizer and the Colonized* 一书中高度敏感的书写。满清入关建立统治政权是文明化任务不存或被蚀退的最好例子之一，在一到两代之间其却被涵入了中国社会；曾经是为殖民主义的东西，快速成为一种压

民者）文明化任务的殖民主义就完全不能再是殖民主义了，它对殖民者本身产生戕害的程度也就远远超过它对被殖民者造成的伤害了。

Ⅲ

　　我现在开始讨论摩登殖民体系几乎无不采用的另一个——共同存在于孩童与被殖民者之存有状态间的——同系逻辑。①

制内部的变异。日本一度占领中国，也没能产造什么文明化任务的理叙；尽管当时不乏这方面的努力，也终究失败了。有趣的是那一系列努力的主要题旨，竟是在强调日本比中国更加摩登化，以及强调它摩登化其他亚洲社会的"责任"。当代西方对日本社会的影响可真是远比一般人所相信的要大得多了哩！

　　不列颠征服印度的第一阶段中显示了同样的被印度社会的整入（integration）情况。停止这种整入的恐怕主要是苏伊士运河（Suez Canal）的开凿——它令不列颠比起从前与他们的文化原基地有更强的联系。再者就是不列颠女性进入到印度的舞台。这件事——加上印度的卡斯特（caste）制度以及印度大部分社会的文化自信——维护了种族的内婚制续存。

　　①　如要更全面了解我对于这个同系逻辑的理论，可参考"Reconstructing Childhood: A Critique of the Ideology of Adulthood"一文，收入 *The Politics of Awareness: Traditions, Tyranny and Utopias* 一书（1993）。一

　　我们熟知过去两个世纪的各个殖民者，他们都是来自于
具备了极歧异文化与各种族群传统的复杂社会。上文已经注
意到，他们是靠压抑他们文化中的某些侧面，同时彰显其
他的部分来建立他们殖民主义的认受性的。① 好比说，要在
圣方济各（St. Francis of Assisi）所属的传统上建立一个坚实 /
现世的传道意识就是没有可能的，人们要被迫回到圣奥古
斯丁（St. Augustine）和罗耀拉（Ignatius Loyola）的传承中
才做得到。在爱克哈特（Johannes Eckhart）、拉斯金（John
Ruskin）和托尔斯泰（Leo Tolstoy）的传统中也没有可能找
到进步（主义）之殖民理述的认受性，他们传承植基的是拒

个比较简略的版本则分别刊登在 *Resurgence* 一书，1982 年 5 月和 *The
Times in India* 一书，1982 年 2 月的第 2、3、4 期。而有关印度的部分，可
参见 Bruce Mazlish 对这两者关系的讨论，*James and John Mill: Father and
Son in the Nineteenth Century* 一书（New York: Basic Books，1975），特别
是第六章，第 116—145 页。而有关西方世界同化新世界的诸般景象之简
略介绍（它设定的同系逻辑内容是：孩童、原始主义和出现中的殖民性臣
服）可参见 Michael T. Ryan 的 "Assimilating New Worlds in the Sixteenth
and Seventeenth Centuries" 一文，收入 *Comparative Studies in Society and
History* 一书，1981 年，23 卷 4 期，第 519—538 页。Ryan 指出 "一种将
异国情调和古文明加以比较——如果不会搞混——的倾向"，同时还加上
它和欧洲现存的鬼神说理论（demonological theory）的连带关系。

　　①　Memmi 在其 *The Colonizer and the Colonized* 一书中，生动地描述
了殖民者是透过什么样的过程，将新的要素置入到它的统治文化中的。

斥无所不在的高深科技、超级竞争、成就取向、过度组织和私人企业等一系列的念头；他们也都反对建立在——艾瑞克森（Erik Erikson）所称的——假种属（pseudo-species）基础上挑衅性的篡改宗教信条。要找这种认受性得找功利主义者如边沁（Jeremy Bentham）和穆勒（James Mill）者，或去找认为殖民主义是匡正封建主义，从而使得它臻至进步之必要之步骤的社会主义思想家；再不然，就得靠那些企图把进步教条的框框契入殖民经验的人了。

[马克思对进步理述的主要贡献就是把孩童的赤子之心当作是原始共产主义的原型——他将它理念化成为一个从史前史到历史，从婴儿期或低等共产主义到成熟共产主义的系列性运动的启始。印度对他而言，始终是"小小的半野蛮半文明的公社"的国家，它"使人的头脑局限在极小的范围内，成为迷信的驯服工具"；在那里的农民过着他们"失掉尊严的、停滞的、苟安的生活"；马克思辩称"这些小小的公社……造成了对自然的野蛮的崇拜，从身为自然主宰的人竟然向猴子哈努曼和母牛撒巴拉虔诚地叩拜这个事实，就可以看出这种崇拜是多么糟蹋人了。"马克思跟着说："英国不管犯下多少罪行，它造成这场革命毕竟是充当了历史的不

自觉的工具。"[①] 他的这种观点不得不有力地支撑了 (尽管无心地) 充填在殖民主义之下的种族主义世界观和种属中心主义。[②] 和这同样的，却影响较小的文化角色也由弗洛伊德 (Sigmund Freud) 早年的一些徒弟粉墨登场加以扮演；他们去到各个"野蛮人的"社会寻索野蛮主义与婴孩质地 (infantility) 间的同系逻辑。[③] 他们也同样生产了基于"个体发生重演种属发生过程"这个生物学原理，将它应用在文化和心理学上衍生的种种暗旨与意味上；也产造出了包括关于"正常"、充分社会化和"雄性成人自身" (male adulthood) 的意识型态。他们和功利主义者与马克思不同的地方只是：他

----

① 《马克思恩格斯文集》(第2卷)，人民出版社2009年版，第683—684页。

② 这些意象都为亚细亚型生产理论提供了一个心理学的基础。我很高兴戴辛格 (Giri Deshingkar) 为我指出中国共产党曾在1927年通过了正式决议，认为中国不是一个亚细亚型的社群，试图借以逃离马克思主义者的双囚困局。那些都是科学化的社会科学拉扯出来的东西。

③ 另一个看待原始主义的观点——或多或少存在于相同的框架里——是展现在一个当代马克思主义者 Herbert Marcuse 的 *Eros and Civilization* 一书 (London: Sphere, 1969) 里，他政治性地使用了弗洛伊德的多重倒错婴孩 (polymorphous perverse infant) 概念。在他之前，研究心理分析的赖希 (Wilhelm Reich)、研究文学的劳伦斯 (D. H. Lawrence) 和研究艺术的达利 (Salvador Dali) 也都已在形而上弗洛伊德主义的 (metaFreudian) 框架里探索过原始主义的创造可能性了。

们并未明确地把原始主义和婴孩质地指认成如果不是属于结构简单就代表了"历史停滞"一类的负面价值。[①]]

　　虽然在西方社会哲学对峙的各门派中——包括各种不同版本的西方基督教——从来就存在着令人毛骨悚然的太极拳斗；但欧洲较强的次级传统是谁却是清楚明白的。欧洲敏感的知识分子间曾经存在一个几乎完全的共识——认为尽管殖民主义是丑恶的，但它终究是不可或缺的。那个时代是欧洲人的乐观岁月；不但殖民主义的极端保守分子和辩护士们相信他们的文化职责终有得以成就的一日、野蛮人终将被文明化，就连西方社会的激进批判者们也都认为殖民主义是令某些社会产生突变的必要阶段，他们和帝国主义者不同之处只在于他们并不预期被殖民者会因为殖民者把他们带进了摩登世界而爱上殖民者，或者感激他们。[②] 是故，在欧洲文明的

---

　　① 有关这个主题可参见 O. Mannoni 的 "Psychoanalysis and the De-colonization of Mankind" 一文，收入 J. Miller 编的 *Freud* 一书（London: Weidenfeld and Nicholson，1972），第 86—95 页。

　　② 关于不列颠殖民者之所以感到备受叛离之恨的讨论，视为来自于印度人的"饮水不思源"（ungratefulness）且将之视为印度人的一个文化特色的看法，见 Wurgaft 的 "Another Look at Prospero and Caliban" 一文。事实上 Wurgaft 是借用了 O. Mannoni 的 *Prospero and Caliban: The Psychology of Colonization* 一书里的概念，由 Pamela Powes 译出（New York: Frederick A. Praeger，1964），第二版。

视野中，殖民者不是一班追求私利、强取豪夺、种属自我中心的破坏狂，也不是自身任命的文化病变的带原者。他们毕竟只是历史进程的意向不明，且缺陷甚多的器用与工具；他们不过是潜意识地献身、为了世上身处不利境遇的人们之提升而效力。

　　这个意识型态的发展平行于在西方发生的主要文化重构的与殖民主义的第一个阶段。那个阶段中，殖民地被整顿成了西班牙人和葡萄牙人的一个主要的文化过程与生活方式。阿里耶斯（Philippe Aries）就主张说："童年"这个摩登概念是十七世纪欧洲的产物。① 在过去，孩童被视为是成人的小号版本；阿里耶斯本人未充分意识到的是：而今孩童成为成年人的一个劣化的版本，他们必须在新近得到延长的童年岁月中不断被人教育。（一个在欧洲同时平行的发展是：关于女人自身的摩登概念也出现了——在新教主义的影响下产生改变的基督教神人概念之背书下，那个女人自身也变得更为雄性了。②）

---

　　① 见 Philippe Aries 的 *Centuries of Childhood: A Social History of Family Life* 一书，Robert Baldick 译出（New York: Knopf, 1962）。不同的论点可参见 Lloyd deMause 的文章，收入 deMause 编的 *The History of Childhood* 一书（New York: The Psychohistory Press, 1974），第 1—73 页。

　　② 见阿希斯·南地的 "Woman Versus Womanliness" 一文。

　　新的儿童自身（childhood）概念和今日西方占统治地位的进步教条有着直接的关系。儿童自身在今天已经不再只是（才一个世纪前仍属实的）欧洲农民文化中快乐、幸福、天使般地被赐福的原版神仙了。与日俱增地，他像是一块必须由成人在上面写上各种道德规范的空白的石板瓦——它本身是成熟的退化版本，不事生产也少晓人事，受到了人性中的好玩、不负责任和任性等方面的严重污染。在这同时——恐怕由于"韦伯学家们"所指认的，由西欧摩登化主要推手的新教伦理所推使的——成年人变得有责任透过适当的社会化，将孩童从放逸、不知悔改的罪衍中"拯救"出来；帮他们朝向加尔文宗派理想的成人自身及成熟的方向成长。利用教导孩童从事生产工作这个名义来对儿童从事剥削——不列颠（Britain）工业革命早年所普遍发生的事——无疑是这种儿童自身（childhood）概念最自然不过的推衍结果。[①]

　　殖民主义极端尽职地接收了所有这些成长的理论，同时在原始主义与童稚之间描上了新的同系逻辑。职是之故，社会进化的理论不但被缩视（was telescoped）进欧洲个人的生命周期中，更进入了各个殖民地文化差异的领域里面。[②] 天

---

　　①　见阿希斯·南地的"Reconstructing Childhood"一文。

　　②　V. G. Kiernan 曾在他的 *The Lords of Human Kind: European Attitudes to the Outside World in the Imperial Age* 一书中（Harmondsworth: Pen-

真的童稚（childlikeness）与不成熟成人的幼稚性（childishness）变成了原始人令人可憎或者可爱的野蛮性，也变成了各个被殖民社会的原始主义。这版本的进化理论可以图示如下：

| 天真的印度人：
赤子之心；无知却向学；雄武（masculine）；忠诚；是故，"有望可予改正"

幼稚的印度人：
无知却不肯向学；不知感激；罪恶深重；野蛮；不可预测的狂暴、不忠，是故，"无药可救" | 改造天真：
通过西方化、摩登化和基督化

压制幼稚：
透过控制叛逆；保障内部和平，提供强硬的行政管理以及依法而治 | 在一个完全融一的文化、政治与经济世界中进入自由功利主义或激进乌托邦的伙伴关系 |

上表还没提到的是：透过这种生命周期来给予殖民主义认受性操作的另一个方面，不是因为它在殖民文化中不重要，而是我疑心——特别是在印度或中国——它也许不能和

---

guin, 1972)，第243页提及过有关非洲的部分："即使利文斯敦（Livingstone）也偶尔认为非洲人是小孩，这个见解是根深蒂固的。西班牙人（Spaniards）和波尔人（Boers）也曾质疑到底土著们有没有灵魂：摩登的欧洲人则比较不关注他们的灵魂，但他们会怀疑土著们是否拥有心智，或其心智是否适合向成人发展。有一个曾变得非常流行的理论指出，因为非洲人的心智成长老早便终止，所以他们的童稚自身从来都没有离开过他们的成人。"

摩登殖民主义挂得上钩，这里简单说明一下。

摩登欧洲不但不认受雌性特质和儿童自身，也不认受老年。① 犹太基督一系的信仰中经常把年龄视为人类原在罪恶的必然开出及结果。身体上的衰退被当作是退化过程中人内在恶魔的显示，据一个南欧的古谚：少年之身乃上天所予，其后，他就变回他真正的自己了！随着强调男人日增的堕落性，上面这个设定在欧洲雄性的成人自身的新意识形态上更进一步被凸显了出来：认为只有成熟的雄性才足以反映完美人类之合理近似值的那么一个世界遂被拼凑了出来。老年人——它代表了智慧和对"纯粹"理智的否定——也日益被当成是对社会无关鸿旨了——因为他们体力差了，也因为他们的社会生产力与文化角色不再容易被量化了。我认为没有必要太过强调——就现有科技的性质而言——这种意识形态的变异和新出现的"生产性"工作及"表现性"原则其若合符节到什么程度，这一切已经在被金钱化之余教人给祠奉入了新的政治与社会建制中了。

在一些特定的案例中，这些关于雄性—成人自身的意识形态也被输出到了各个殖民地社会。基尔南（Kiernan）的

————————

① 这个有关老年的问题与殖民间之相互关连性的讨论，可见阿希斯·南地的"The Politics of Life Cycle"一文，收入 *Mazingira* 一书（即将出版）。

确曾谈到在印度的不列颠殖民主义所特有的意识形态问题；它就是没办法面对印度有她自己的文明这回事——即令就欧洲的标准而言它看起来像是再奇怪也罢。在随后发现的非洲，由于那里强调民俗传承、口述文化和农村生活，欧洲人可较容易地把它们一笔勾销，把它们标签为野蛮。但是在印度和中国就不容易这样做。欧洲的东方学家和第一代的统治者们不但研究它们的文明，有时还对它们产生崇敬。中、印（除了对种种口述传承的强调之外）毕竟有四千年文明生活的传统，它们还发展出了完善的**文士**（literati）传统。此外，它们种种另翼的哲学、艺术与科学传统，在在都吸引了欧洲最高级的头脑。印度的过往之活鲜生动（比如说不像前伊斯兰的埃及）则令情况更加复杂了，欧洲人对他们所见到的印度在政治和文化上的"退化"也就不能不努力加以解释了。

殖民的意识形态以两个相互矛盾的办法来面对这个解释的困难：第一，把印度的过去和现在截然一分为二：文明的印度已一去不回，今天它是死了和"博物馆化"了。这个说法继续道：今天的印度只是在名义上跟它的历史有关系，它之所以还叫做印度，只因为它曾经一度青春、有创造力；而今的它只是它自身的一个老衰、朽败的旧拷贝。有如流传的神话所说的，东方学巨匠缪勒（Max Müller）尽管开启了印度意理的研究，且深爱印度，但他就从来不准学生来访印度，因为对他来讲：活着的印度不是真印度，真的印度就只能是死掉了的那个。

其次，也是相当矛盾的，殖民文化中却设定说：印度后来的退化不是因为殖民统治之故——相反的，殖民文化反而改善了印度文化非理性、压迫性和退化性的种种，也从而改善了印度文化。印度文化之败坏是因为印度文化传承（尽管有些好的地方）中的一些侧面隐藏了它其后衰亡的种子使然。有如一个罪恶深重的人，印度文化于焉苟活在尤其不堪的衰颓之中。[兴都信仰（Hinduism）在它的 pāpa 概念中就缺乏一种极端内在导向的、新教式的**罪的概念**；这件事被用来当作是印度文化存在最致命缺陷的证据之一，就算是史怀哲（Albert Schweitzer）医师这样的人也难免受这个意识形态的污染，他就是用了这种说法来作为他解释兴都信仰的中心基础的 ①]。总而言之，这个说法尽管是设定了印度文化有其连续性，但这连续性中传承的却只是罪恶而不是德性。要解释印度的德性我们就非得依靠她和摩登世界所进行的种种接触不可了。

---

① 见 Albert Schweitzer 的 *Hindu Thought and Its Development* 一书（New York: Beacon，1959）。

IV

回应了上述这些殖民的范畴——也作为它们的一部分——从而重新安排印度文化的种种努力，其主要向度是什么呢？最好的答案可借十九世纪的几个重要人物来加以探讨：他们不但重新评价了传统兴都（Hindu）对雄性及雌性的种种态向（orientations），还应对了——相对于反常、不成熟、早发性原始主义（infantile primitivism）而型构的——摩登概念的成熟与成人的正常性概念。①

马杜苏登·杜特（Michael Madhusudan Dutt，1824—1873）恐怕是最戏剧化地企图重新定义民间神话并将之适入殖民主义下种种变迁价值的人物，他的班加里语叙事诗 *Meghnādvadh Kāvya* 曾在他生时被誉为班加里有史以来最伟大的文学成就之一。② 马杜苏登本人在生活方式和意识形态

---

① 我主要使用的众多例子多是来自班加里，不单单是因为班加里的文化能最佳地说明——和戏剧化——殖民政治、文化和创造性生活在印度里的困境，更因为班加里曾是受到殖民统治和西方侵入最深和最长久的地方。

② 见 "Meghnādvadlı Kāvya" 一文，1861 年，Kshetra Gupta 编，收入 *Madhusudan Racanāvalī* 一书，第一册和第二册（Calcutta: Sahitya Samsad, 1965），第 35—117 页。

上都是耀人眼目地西化——他甚至拥抱英格兰国教且宣称他只"在乎针头那么多的一点儿兴都信仰"——他初出道时无疑是一个志在以英国文学闻名于世的人。十年之后他转以母语书写出了对皮瑞尼（Purāṇic，即往世书）叙事诗之种种极光鲜的解释，*Meghnādvadh* 是其中最成功的作品。

众人皆知 *Meghnādvadh* 是罗摩衍那（Rāmāyaṇa）故事的新编；它把传统神怪的罗摩（Rāma）和罗什曼那（Lakṣmaṇa）变成优柔寡断的、萎靡好战的雌性恶棍；而把魔鬼罗波那（Rāvaṇa）和他的儿子梅格纳德（Meghnād）变成堂皇、雄武的摩登英雄。他解释说罗摩和罗波那之间的对峙无非是场政治斗争，而魔鬼们是在道德的这一边。叙事诗结束时，青春的神祇们打败了也杀死了勇壮、傲然、成就取向、善于竞争、有效率而技术超绝，且有"运动精神"（sporting）的魔鬼；梅格纳德是这一切的象征。

Meghnādvadh 当然不是对罗摩衍那进行再解释的第一个作品。在这之前南亚地区早已存在了一个罗摩衍那（早先于马杜苏登）之另翼传统，这个另翼也早就不时成为了社会争议及冲突的来源。在耆那教（Jainism）中，罗摩衍那的另一个版本也常常成为社群间冲突的源头。① 尽管如此，不管

———————

① 至少有一个文学批评家已经追溯出马杜苏登（Madhusudan）对

罗摩是多么的神圣，他并非传统上众善的归所，和闪族一系的神祇很不一样，他更明显的是善恶集于一身、勇懦交加、又雄又雌，也是更为接近人性的。至于罗波那也没两样，他在传统上也不全坏——也被认为有过不少真正的精神建树。

是故，马杜苏登·杜特可说是本来就置身在印度众多的持异议者的鲜活传统之中。（他的异议之所以未成为一种政治性的荒谬，是因为他生活的时代尽管不列颠在政治上最为强势，但它的势力仍只是印度众多势力之一。当时西方文化在印度还是处于可资经理的向量，它也只受到统治者与被统治者中少数人的支持。）在这同时，马杜苏登改写罗摩和罗波那角色的准绳——如他们的种种性格所示——针对的却是殖民情势所作的直接反应。他赞赏罗波那的雄性威勇、武士成就，及他对历史和"现实政治"的敏感；他也接受罗波那对现实主义的世俗的，以及着魔般"成人式"的与"正常"的委身；以及他生命中的消费欲动。在另一方面，他看不起"罗摩和他的乌合之众"（Rāma and his rabble）（他的用语），

罗摩衍那（Rāmāyaṇa）的再解释之来源，有可能是马杜苏登在马德拉斯（Madras）时接触到 Jain Rāmāyaṇa 而受到启发出来的。见 Asit Bando-padhyay 的 *Ādhunik Baṅglā Sāhityer Saṃkṣipta Itivṛtta* 一书，1965 年，引自 Bishwanath Bandopadhyay 的 "Pramilār Utsa" 一文，收入 *Desh* 一书，49 卷 18 期，1982 年 3 月 6 日。

因为他们的娘娘腔、无效的假禁欲生活；他认为他们之朴实
苦行是因为一己的软弱，不是意识性的选取。

　　马杜苏登·杜特所设定的矛盾构造是有一个明显的政治
涵义的——在一个拒斥大部分竞争性个人成就、经常隐晦性
别角色差异、瞧不起先进科技、将神话和历史同一化、排拒
享乐主义、拒斥占有性个人主义与消费主义的文化中，他这
个设定的涵义尤其明确。尽管如此，这并不意谓着罗波那表
现出的各种价值是印度诸传统中的异物——相反的，这些价
值在过去也曾不时和引人敬羡的神话人物常相关连。但就整
体而言，这些价值正如许多被文化定义为异色（esoterica）
的东西一般，它们受到了囿制（contained），也被边缘化。
毕竟，罗波那本身就是被视为不但熟知全部吠陀经典，并身
历在多年的苦行（tapas）训练后，他从种种神圣源头中赢
取了他的各样力量。他的种种完美性质是在他罗刹（rākṣasa）
自身的种种范限（constraints）中得到认可的。现在，马杜
苏登把罗波那从这些传统的范限中解放出来，赋予他以一
个科学、博识且摩登的刹帝利王者（Kṣatriya king）之形象
（stature），他挑战着一个流放后回国之田园王子的非世俗政
治和反科技主义。

　　Meghnādvadh 是一部悲剧，作者马杜苏登的主角们——
对一个从未有悲剧传统的文化而言——在一定程度上是奇怪

的东西。尽管如此，要了解这个偏离的完整意义，我们必须认识到：在往世书传统（Puranic tradition）① 中确实**曾经**有过生命和言语上之悲剧之概念的。《往世书》（*Purāṇas*）中的悲剧并不聚焦于主角的死亡或败北的大结局之上，它也不强调罪孽深重者的最终胜出。悲剧之为物者，端在于昂然扫过的时光，在于无处闪躲的衰竭与颓败；这些在在地知会了最高的能者以及最下的庸人，面对了划世纪的大事与日常生活的琐末；也讯达了"恒在"与无常。在圣雄史诗《摩诃婆罗多》中，那个自信却宿命地结束生命（mahāprasthāna），或者在俱卢之野（Kurukṣetra）一战大胜后，班师而去的般度族（Pāṇḍavas）；以及黑天（Kṛṣṇa）之死（孤单、老朽、怀旧且为人们所遗忘的），都是我欲传达之意旨的一些最佳例示。

　　但是，《摩诃婆罗多》一书却替现了一个不同的悲剧概念。叙事诗中不但善恶分立——根据明确的伦理教条截

---

　　① Puranic 这个词的字面意思是"古、老"，往世书（Puranas）是印度文学的一个巨大的流派，有广泛的议题，特别是神话、传说和其他传统的传说，其书写主要是梵文，以及多种地方语言。

　　Puranic 文学可说是百科全书式的，它包括不同的主题，如宇宙的起源、宇宙的众神、国王、圣人和半神、神圣、寺庙、医学、天文学、语法学、矿物学、族谱，民间幽默、爱情故事，以及神学和哲学。其各个篇章的内容高度不一致，并且每个版本在存活的众多手稿中其本身也不一致。印度教往世书是匿名的文本，是几个世纪以来许多作者的积累成果。

然分离——而且恶的一方却最终得以胜出。传统上罗刹刹（*rākṣasas*）替现的是一种魔鬼式的雄勇（masculinity），不受任何主导风尚与传统的宰制。现在这种魔鬼式的雄勇之诸多侧面却受到了首肯；对印度人而言，促成它们的是殖民主义的新文化，也是这新文化促使流行的**普罗米修斯式人**（the myth of the Promethean man）之神话的变奏。把 *Meghnādvadh* 写成一个悲剧，会教它的读者们认同它的主角们，马杜苏登遂畀给了他描绘中主角们之人格形以特定的认受性；这么一来，既支撑了摩登性之意识形态的出现，同时也在他社群的世界观中背书了和摩登性相适应的成人自身与雄性质地的概念。印度传统中受抑制和避缩的雄性质地于焉遂在既存的文化意象与神话的再现中被凸显了出来。

就这样，马杜苏登将罗姆莫罕·罗易（Rammohun Roy，1772—1833）早先的文化批评注入了新的内容。① 罗姆莫罕先前曾——为了在东印度遭殖民闯入后从旧有生活方式与价值中被疏离的人们——把组织性宗教、圣书事典、一

---

① 从心理学众多层面去探讨有关罗易（Rammohun Roy）对殖民主义的回应，可参见南地的 "Sati: A Nineteenth Century Tale of Women, Violence and Protest" 一文，收入 *At the Edge of Psychology* 一书，第 1—31 页。此文章亦讨论了个人和文化里的矛盾心理，它们如何驱动罗易的社会遭变哲学。

神教及（最重点的）父权神人等念头介绍到印度文明里城市中产阶级的文化中。在这同时，他"误读了"商羯罗师（Śaṅkarācārya）中的非二元论，在将女性自身祛神秘化，同时又将日常雌性特质魔法的聚焦转移到超越的雄性原理的基础上，他提出了新的雄勇的定义。他也寻求将女人从她们——在意识上或潜意识上——所分担的（对养护自然、政治及社会生活）失败的责任中解放出来。

另一方面，马杜苏登则对罗姆莫罕在其改造哲学中提出的各种问题却一无所知。他率性而为地尝试把雄性和雌性、成人和婴孩的西方概念囤入印度的世界观中；借此——在一个（对许多印度人而言）西方以为替现了印度文化中较有价值侧面的理脉中——使得西方在印度的现身看起来是自然的。在过去被拒斥的罗波那种种超级雄迈特性（hyper-masculine 或 rākṣasa）的属性，而今变为了替现真正的成人雄勇的一种魔王的英勇性。另一方面，罗摩多面相的、开放的性格——不知多少世代的印度人持续在它上面投射了不知多少善美的复杂概念——变成了一个非雄勇的、不成熟的、娘娘腔的神人性，它变成代表了一种较低下的——甚至可以是错误的——善美的概念。

我不想在这里讨论推使马杜苏登进向重新定义雄性质地与正常的那种俄狄浦斯激情。要记得的是，在他为他的文化越俎代庖去"驯化"西方男性自身（manhood）和女性自身（womanhood）概念的时候，不列颠帝国主义整体的威势和荣耀还不是那么明显。是故，他可以为自己辩解的地方不多。他对种种印度传统的挑衅性批评跟大部分印度的改革运动的风格是一致的：要的不仅是尝试一种用印度的（甚至是西方的）参考系（terms）去解释印度文化；犹有甚者，它是要用印度的参考系去尝试解释西方，并且将西方当成一种不可避免的经验，得把它并合到印度文化之中。

我现在要对殖民主义文化批评的第二个流派做回应，它虽也还是建基在对圣书事典的重新解释上，但它实际依赖的是借自殖民世界观的种种核心价值，然后用各种关于神圣性的既有概念去将它们予以认受。这流派中最富创造性的代表是班吉姆·钱德拉·查特吉（Bankim Chandra Chatterjee, 1838—1894）。他的小说和文章是企图将先前批判性兴都信仰模式予以边缘化；它也提出一个政治文化新架构，把各种——似乎使基督教徒获力的——基督教特性投射到兴都信仰（已失落的黄金年代）的过去上面。

《极乐修道院》（Ānandamath）——这部小说之作为第一代印度国族主义者（特别是班加里的恐怖主义者）的圣经——就是使这种宗教观念之种种意涵得以成型的直接尝

试。① 小说中的遁世者（*sannyāsis*）这个宗派显然是西方基督教一些派别的兴都信仰对应部分。不可讳言，他们的西方性给予了他们以自己的历史感和他们对有组织宗教的重视；此外，特别是：他们接受了殖民王公们，把他们当作在兴都辞汇上——虽然短暂却在历史上不可避免——可以被认受的对象。

　　但是，真正为兴都信仰的新模式提供了失落的连结——对神人性的重新解释——的却是班吉姆·钱德拉谈到黑天的明快论说文。② 马杜苏登在罗摩衍那的理脉中所作的，班吉姆·钱德拉在《摩诃婆罗多》的理脉中则借了五篇关于黑天的往世书进行类似的论诘：他尝试建构一个有历史性和有历史意识的黑天——按照摩登范则一样的、有一致的自身、具自我意识且有德性。他检视了所有有关黑天的古典文本，目的不但是要把黑天置位于历史之中，更为的是要把他性格中种种不被社会关系、性欲、政治等新规范所接受的特点——从所有的参考系中予以斥出。他的黑天不是那个温柔、量雅、自相矛盾、有时失德的不朽者，也不是一个会为了他素

---

　　①　见 Bankimchandra Chatterji 的 *Racanāvalī* 一书，Jogesh Bagal 引言（Calcutta: Saḥitya Samsad, 1958），第 1 卷，第 715—788 页。

　　②　见 Bankimchandra Chatterji 的 "Kṛṣṇacaritra" 一文，1886 年，收入 *Racanāvalī* 一书，第 2 卷，第 407—583 页。

朴信众每日生活而从众的、在大神的操作间只偶尔成功的、积极和守贞的神祇。班吉姆·钱德拉对黑天之作为一个游戏人间（有时甚至在性事上亦如此）、既男又女、敏感于哲理而又现实的理想主义者的稚神并无好感。相反的，他的黑天是一个受敬、正直、好教诲且"严苛"的神，他把兴都信仰当成了正派的宗教，并把它当作内部一致的道德和文化体系来加以荣耀。对任何一个黑天非至善至美——基督教与回教神的首要条件——的纪录，班吉姆·钱德拉都把它们当成是后世的窜改与失误，是故，都不是真的。[①] 他的职责在于把黑天造就成一个在他信徒面对进步的西方人时不会感到羞辱的、显然正常的、绝非异端的雄性神祇。

　　不久，斯瓦米兄弟（Swami Dayanand Saraswati，1824—1883 和 Swami Vivekananda，1863—1902，后者也称辨喜）分享了上述的意识并将它加以发展。但当这两兄弟入场时，殖民文化已经更深地契入了印度社会。那时，除非是去忽略西方的心理入侵乃始自许多印度人自身广泛的内化了西方价值这事实的话，已没有可能把优先性给予文化改革而不给予民众政治了；同时，对印度人格改造的过度强调又恰恰只能

---

　　① 　这看法本身也是摩登的；在一个与历史无涉（ahistorical）或史诗（epic）的文化中，时序性是不能决定真实与否的。见Ⅶ部分的文章。

开出更多新颖的且各种招人妒恨的西方化模式。

尽管如此，这两个令人敬畏的斯瓦米兄弟做的恰恰是这样的事。他们从西方世界观中借来了他们的种种基础价值；不管他们是否作为正典复振主义者的形象，他们都是兴都信仰者的无情批评者。他们的立场认为兴都信仰者（Hindus）在古代曾经是伟大的——它们意味的是刚健且属成熟之人；他们之丧失了光彩是因为和书写的婆罗门教及真正的刹帝利自身（Kṣatriyahood）失去了联系。显然的，如果刹帝利特质或武勇是为统治者的特征，赋有较大武勇的统治者当然应该从事统治。这种想法对兴都信仰者可倒不是什么恭维；究其实，它和殖民思想的宰制结构却是完全符合的，①也和一些西方的东方学主义者们的意识形态若合符节。

由是以观，辨喜和达亚南德两兄弟也试图把兴都信仰给基督教化了——尤其针对兴都可欲的个人这个主宰性的概念。在这样操作下，他们将西方认同为权势与主制（hegemony），随而将之认同为超优的文明。接着，他们试图"罗列"西方和印度的种种异点，把前者的优越性归因于那些异点。他们其后将一生的努力全花在热心劝喻不幸的兴都信仰者去追求西方的那些文化的特点上。可以预期的——由于

---

①　见 Kiernan 的 *The Lords of Human King* 一书。

印度文化是那么一个开放无垠（open-ended）的系统——兴都信仰中的一些传统毕竟支持了一些存在于其中的有价值的西方特征，而这些特征却被认为是在当代"无价值的"兴都信仰者中失落掉了。同时，也不意外，他们的兴都信仰的主导要素成为了：

一、试图把兴都信仰变成有教士阶层组织、教会和传教士的组织性宗教；

二、接受改宗和宗教性"良知启动"（conscientization）的想法［śuddhi——为印度基督教徒和回教徒深恶痛绝的事物（bête noire）——是西方基督教影响下在十九世纪被介绍到兴都信仰里的闪族因子］；

三、试图根据闪族教条引进圣经的概念——对斯瓦米两兄弟而言它们是《吠陀经》（Vedas）和《薄伽梵歌》（Gītā）；

四、接受直线的、客观的和因果论的历史；

五、接受近似一神教的各种想法——辨喜甚至于努力产造了一个少见的变种：一个类近一神教的（quasi-monotheistic）以雌性神人为支撑中心的教纲；

六、再加上某种形式的——部分借自天主教、部分借自喀尔文派教派的——清教徒主义与现世的苦修主义。

上面的模式必然导致一种观念：认为兴都信仰者之所以丧失雄勇和文化退化是由于他们失去了曾与西方人共享的种种原初雅利安质地。达亚南德之决定把他的教会叫做神智协会（Arya Samaj）**曾经**是深具政治意涵的。这个模式也不免教人去强调兴都信仰在基础心理与建制上的各种改变；它也因而拒斥了其他各种样式的批判性兴都信仰，那一干批判信仰不但注重的是政治变革的重要性，并接受兴都信仰者的当下与过去的一致性，坚决与不列颠殖民主义展开战斗［好比说，甘地后来把兴都信仰者们组织成印度人（Indians），而不是兴都信仰者；他也给予兴都信仰者维持其特性的权力：正视兴都之作为一个非组织的、古风的、开放无垠的信仰］。不出意外地，上面第二个模式不得不日益与反殖民主义的种种需要产生冲突；它也因为过度强调了自我批评的种种外在性范畴，遂成为了殖民者的间接协力共谋者。

尽管如此，这个模式还被夹在另外一个政治悖论之中。在王公们统治的第一个阶段，作为统治者的王公们曾经一度支持了兴都信仰者的政治参与——因为当时亲不列颠的兴都信仰者参与是对政权有好处的——在第二个阶段，这些统治者因为日益成长的国族主义而开始对兴都信仰者的参政百般阻挠。同样的，在第一阶段，统治者反对所有的社会改革运动，对任何印度改革者反对的印度社会习惯的立法都要用几十年时间来完成。在第二个阶段，他们却去推动一些期待社会改革带来的政治改革的国族主义思潮——尤其是关于印度国民性格的改革。

即令在接受了第二种类型批判性兴都信仰的人们中，我们仍然可见到歧离（deviation）的例子——例如异常英勇且为国族主义牺牲重大的、献出生命的恐怖分子，他们之中最显要的代表是萨瓦卡（Vinayak D. Savarkar）和鲍斯（Subhas Chandra Bose）——尽管如此，这个模式终究容许了各种西方的文化意念之渗透进到种种兴都思潮的最深层面，它也接受了西方的各种有关于政治屈从与经济后进的理论。兴都信仰思想中新生成的直线型历史感知——西方进化理论被内化了的对应物——就是达致上述目的之最佳工具；它容许人们——在照面于一种帝国的信念时——把自卑感投射到历史上；把兴都信仰的黄金时代看成是摩登西方的一个古意版本。①

---

① 事实上，在众多兴都信仰的国族主义里的反伊斯兰教主义立场，它可以被建构成是部分地置换了对殖民权势之敌视；这种反殖情愫之所以不能被直接表现出，则因为兴都信仰中为这个权势创造了新的认受性。这种动理大致是复制了独裁主义的人格中的各种对俄狄浦斯恨意的置换。参见 T. W. Adorno、Else Frenkel-Brunswik、D. Levinson 和 R. N. Sanford 的

质言之，这两个潮流的政治意识——尽管看起来彼此敌视——其实以同样的样式在被殖民者中（部分地）产造了各种体现其源自殖民设计的文化自身与政治自身。揆之事实，像罗易一类人物及他们创发的第一种潮流——至少在经验的层次上——是较大的植基于自尊与自治之上的；虽然后来它被认为（也变成为）是对西方——也对它的支持者及反对者的世界观——产生更大的屈从。

对于活在不列颠殖民主文化逐渐丰满后的人而言，他们花了很长的时间才明白到上面的两个模式没有一个能为自尊和文化自治提供任何适切的基底。可是，任何一种能批判地对待印度传统，能评估西方对它们冲突之性质，又能在不吹皱一池春水的状况下增补印度文化的其他模式却仍旧遥不可见。

虽然如此，我们在十九世纪还是能见到试图打破这个沉滞的零星努力。如伊斯瓦尔·钱德拉·维迪亚萨加（Iswar Chandra Vidyasagar，1820—1991）① 的同一辈人物就曾经寻求创发一种能够把对兴都信仰、殖民主义批判性觉知与文化和个人的真实相结合的新政治觉识。正如维迪亚萨加传记的

The Authoritarian Personality 一书（New York: Harper，1960）。

①　Vidyasagar，尊称，意为知识的海洋。

作者认出的：他们于是乎"在十九世纪中……从各种文化的撞击里脱颖而为丰满与完厚"。[①]维迪亚萨加除了把重点放在社会改革多过政治改革外，他针对地对抗了施于印度妇女的建制性暴力。但他对兴都信仰的诊断并非产自于文化自卑感，而是源自于兴都信仰本身内在的矛盾。即令他为印度女性而战斗，他的操作也不是建基于西方对雄性质地或雌性质地的各种理想上，或是置身文化进化的理论里的。他拒绝将兴都信仰闪族化，拒绝承认闪族化的结果是现成的最贴切的理论。其结果，他的社会既不能忽略他也不能原谅他（这个博学之士在濒死之际可以听到屋外的乐队演奏，庆祝他离世而去）。维迪亚萨加的兴都信仰太像兴都信仰了，因此对正典的兴都信仰者而言那是颠覆性的。在这同时，他的文化批评甚至对忠于上述两种内在批评和文化变迁模式的人而言都是太激进的；他们既不能把他当变节者，也不能视他为护教者而对他置之不睬！

维迪亚萨加又以避开（和他竞比的其他模式的）一些规范与建制目标来获取他的文化契入。他拒绝使用当代兴都信仰者所陷入的、认为兴都信仰者（曾有过）黄金年代的那个

　　[①]　见 Amalesh Tripathi 的 *Vidyasagar: The Traditional Modernizer* 一书（Calcutta: Orient Longman, 1974）。

想象——当代兴都被疑为是从那儿堕落下来。他既拒绝在心理上被捆绑在非兴都对印度的统治的历史陈述上；又拒斥在伊斯兰教或西方意义上把兴都信仰当成一种"正式宗教"来阅读。他既排斥了关于雄性质地与成人自身的意识形态，也无欲去创造一个超级兴都的国族和西方一争长短，或者去把兴都信仰辩称为是一帖西方文化蚕食下的完美解药。他的努力是保护兴都信仰的精神，不是它的正式结构——这个精神是一种对诸次文化与文本权威的开放性的、古风的邦联，它承受得了各种新的阅读与内在批评。

尽管有人把他视为是班加里刻板印象中的巴德拉洛克（*bhadralok*）卡斯特者，维迪亚萨加的反殖民主义却不是能以西方理性主义的说法来加以定义的。虽然他日常生活中的一些细节——包括他挑衅式的印度式衣着、待人接物与饮食习惯——予人以反动的印象，他的反殖民主义也不是极度反动的。[①]最首要的，他是一个婆罗门的博学者，是一个对（他认为与他种种改革相合致的）各种圣书事典有明确立场的饱学之士与辩论家。[②]他甚至不是一个贩卖新式兴都信仰的宗

① 见 Benoy Ghose 的 *Vidyāsāgar o Bāṅgālī Samāj* 一书，1—3 卷（Calcutta Bengal Publishers，1973），第二版；Indra Mitra 的 *Karuṇāsāgar Vidyāsāgar* 一书（Calcutta: Ananda Publishers，1971）。

② 见 Tripathi 的 *Vidyasagar* 一书的第一章。有关这种再诠释维迪亚

教之士；和甘地不一样，他并没有必要去面对任何强加于他身上的圣雄自身（mahatmahood）。但是——却和甘地无异地——他宣称自己的兴都信仰是比对手们更优胜，且有以昭告世人：自己是个正宗的兴都信仰者，因为他的兴都信仰连殖民经验也都给包容了进去。

虽然维迪亚萨加来自贫困的乡村，他的时代不容许他将他的异议置身在城市中产者之外；这样的话也会妨碍了他去动员他社会的各个边缘，或更创造性地动用俗民的——相对于梵文化了的——兴都信仰。但他的模式决绝地抗拒了超级雄性质地和"正常"的意识形态。一般人对维迪亚萨加的阅读也都首肯了这些。马杜苏登·杜特曾经写道，这个固执慓悍的婆罗门"有一个班加里母亲的心"；而在维迪亚萨加的有生之年，梵文谚语所说的"比雷更坚、比花更柔"成了对他雌雄同体的——虽说有些陈腔的——标准陈述。暗暗地到处有人意识到他对权势当局挑衅性的抗拒在在结合了他对权势的权威性再解释，那一切都一再挑战了殖民地进步理论的一些最基础的设定——特别针对的是印度人和不列颠人协谋共构的所谓"可以被认受的不平等"等一干说辞。如果说维

萨加的方式中存在的众多问题，Asok Sen 曾有文涉及，可见 Asok Sen 的 *Iswar Chandra Vidyasagar and His Elusive Milestones* 一书（Calcutta: Riddhi India，1977）。

迪亚萨加没有把他的异议充分地政治化，他最起码把过度却"不可避免"的殖民主义压迫、工具性地运用到为印度服务的种种需求上面去。而他这样做却没有去接受西方的功利主义、枉论社会达尔文主义或其他激进派的任何既定观念。

V

殖民地化的问题不是只跟海外的国家有关。祛殖民的过程——当然在那些国家远远没有完成——在殖民母国内也有发生：它发生在我们的学校、在女性（female）对平等的种种诉求、在幼儿教育及其他许多领域……如果某些文化其势足以毁败其他的文化……这些文化带出的各种破坏力也在它们自己的内部作用着……

——马诺尼（O. Mannoni）[1]

殖民者——为了求取心安而习惯了把别人看作是一个**动物**——自己惯于把别人当动物对待，也就不免实然地倾向于把**他自身**转化成为一种动物……殖民者以为他们只是在屠杀

---

[1]　见 Mannoni 的"Psychoanalysis"一文，第93—94页。

印地安人、兴都人、南海诸岛人或非洲人。事实上，他们一而再、再而三地在自毁长城，把欧洲文明得以无碍地发展的各种屏障都给翻辙了。

——艾梅·赛泽尔（Aimé Césaire）[1]

我们现在清楚了殖民主义种种心理路径的大要。获益自心灵敏锐的作家们，如：马诺尼、法农（Frantz Fanon）和阿尔伯特·梅米（Albert Memmi），我们甚至于对构成殖民情境——特别是在非洲——的种种人际范式有所知晓。[2] 但我们却仍然对被殖民诸社会中自殖民化里产生的各种文化与心理病理所知甚渺。

通行的隽智认为，殖民主义的唯一受害者是被迫臣属于其下的各个社会；根据这个观点，殖民主义所指称的是：保证了一种单向传输种种政治经济的利得状况——被臣属者是零和游戏中永远的输家，而统治者们则总是赢家。这个观点也是殖民主义本身所推广的一种对人类心智与历史的看法。这个观点有它的既得利益基础，它否定了殖民者本身也会受制于殖民意识形态的宰制，或盲目于它们也将有如被殖民者

---

[1]　见 Aimé Césaire 的 *Discourse on Colonialism* 一书，Joan Pinkham 译（New York and London: Monthly Review Press, 1972），第 20、57—58 页。

[2]　见 Mannoni 的 *Prospero and Caliban* 一书；法农的 *Black Skin, White Masks* 一书；Memmi 的 *The Colonizer and the Colonized* 一书。

一般，其颓丧败坏的程度也常常是惊人的。在欧洲有良知的读书人的所有控诉殖民地之恶的设词（rhetoric）背后，藏着的是他们没有讲的信念：他们认为欧洲自殖民主义所得的收获——主要对于物质产品方面而言——是真的，而它所损失的——就它涉及的社会关系和心理状态等方面而言——却是假的。

斗胆地给殖民主义以一个不讨人喜欢的解释——也希望它能比较不受殖民主义意识型态的污染——我决定从世界上最稳定、最精妙地被经理着的殖民政体——不列颠印度——之经验中提取一些例证。这些另例会证示赛泽尔所称的殖民者自身的"去文明化"终究不是一种去势的幻知（fantasy）；相反的，它是一种连马诺尼和法农都不能不同意的经验事实。① 法农描写了一个警官，在他虐刑了一个阿尔及利亚的

①　见 Césaire 的 *Discourse on Colonialism* 一书，第 13 页。其中牵涉到的心理学原理，连柏拉图自己也是有认识到的。而 Iris Murdoch 在她的 *The Fire and the Sun: Why Plato Banished the Artists (Oxford: Oxford University Press, 1977)* 一书的第 39 页的总结里则提到："不管他（柏拉图）的教条为何存在，他的心理学却是无可怀疑的……认为我们是不可能逃脱罪恶的因果关系的。他在 *Theaetetus*（第 176—177 页）一书已告诉了我们——邪恶的不可逃避之惩罚就是把我们变成一个我之所以为这个样子的人。"令人惊讶的是，法农——Peter Berger 称他为"革命的克劳塞维茨（Clausewitz）"的人——对这种邪恶的哲学创意的诸多可能性却只有相当有限的觉

自由斗士之后，开始对他自己的儿女及妻室施虐。[①] 即令从法农的印象式的政治心理治疗中，我们也明白了这个警官之**不得不**对他的家庭——也在他自身之内——做出他对自由斗士们所做的事。作为一个心理过程的殖民主义也不得不承认：在不同压迫之间，它们存在了同一性的原则；它在"心理学人"（psychological man）的年代重覆了圣经新约——或者说《摩诃婆罗多》的 Sauptik Parva——中默示的古老智慧："不对他人做你不欲他人欲加诸于你的事，否则你必加诸自己以你加诸他人的事。"

殖民主义对印度的冲撞是深重的。它造成极为惨烈的经济剥削、心理失所和文化断裂。[②] 但印度是一个拥有几亿人

察。

①　见法农的 *The Wretched of the Earth* 一书（Harmondsworth: Penguin，1967），第215—217页。

②　印度经济和政治的脱序当然非常有名，被好好记录了下来。早期有关讨论印度在不列颠殖民主义下所受到的经济剥削，可参见如 R. C. Dutt 的 *Economic History of India in the Victorian Age* 一书（London: Routledge and Kegan Paul，1903）和 Dadabhoi Naoroji 的 *Poverty and Un-British Rule in India*（1901）一书（New Delhi: Publications Division，1969）。例证印度经由殖民而产生的文化与心理的病理，可见 R. C. Majumdar、A. K. Majumdar 和 D. K. Ghose 编的 *British Paramountcy and Indian Renaissance* 一书的第二部分（Bombay: Bharatiya Vidya Bhavan，1965）。而一个有关王公们的特别文化病理之个案研究，可参见我的 "Sati" 一文。

的大陆块。尽管它有它作为中央权威的最高权力所在，这国家仍然是在文化上分歧和在政治上异质的。是故，它可以将殖民主义的文化冲击部分地围制在它的都会中心区，也括限在它的西化了的或半西化了的上层与中产阶级中，或者束缚在统治精英们的一些部类里。对于一个习于统治一个较同质小岛的统治者而言，治理它的是完全不一样的情况。那个海岛统治者之作为一个殖民统治者，它经验的可能也不只是焦头烂额而已！是故，殖民主义对不列颠社会造成的长期文化伤害，可以说是更加得严重了。

首先，殖民别人的经验并没有教不列颠的内部文化不受碰触。这个经验开始把不列颠政治文化中最无慈悲心也最没人情味的部分浮现到重要地位。它故意轻忽了代表雌性的臆想、知性和恩慈（caritas），把女人的角色——和雌性特质——认定为是一种极度有限的文化角色：认为人性中的温柔一面在公共领域中是无关宏旨的东西。它转而公然地——在竞争、成就、控制及生产力等价值的名义下——正当化了种种建制化了的暴力，其中更加上无情的社会达尔文主义。①

————————

① 上述的一些强调，可与法兰克福学派的马克思主义者们提出的"标准"独裁主义的症状描述相提并论，其详尽的经验性陈述可参见 T. W. Adorno 等编的 *The Authoritarian Personality* 一书。而有关不列颠的社会达尔文主义，可见 Raymond Williams 的 "Social Darwinism" 一文，收入

它所激推的是一种将低下阶层当成工具的念头，这种想法不但与工业资本主义的种种需求完全合拍合节，同时也把只稍加修饰的殖民层压概念施加到了不列颠社会本身上面。殖民主义的悲剧也就成为了它较年轻的次子们、女人们以及各种次级不列颠人们的"等等之类、云云之辈"的悲剧了。

詹姆斯·莫里斯（James Morris）在他的《告别小号：一个帝国的撤退》（*Farewell the Trumpets: An Imperial Retreat*）一书中这样写道：

> 没有人在帝国的墓碑间闲荡、冥思死者各自悲剧的凄情之际，会不叹息他们丧生的没有必要。青年生命的捐弃、无用的勇气和无需的分离，褐色皮肤的帝国形貌、它尤其失彩丧丽的旌旗与雉堞，看来全都朦胧在泪滴的迷雾之中，有如一首为哀伤射穿的老旧进行曲，沆溢在海边的音乐台中。①

其次的，也是吊诡的，殖民主义的意识形态更在不列颠人中产造了一种欺骗性的文化同质性的感识（sense）；这个冻僵了的社会意识既压制了它——本来可以从对种种严谨的

Problems in Materialism and Culture 一书（London: NLB, 1980），第86—102页。

　① 见 James Morris 的 *Farewell the Trumpets: An Imperial Retreat* 一书（London: Faber and Faber, 1978），第556页。

不列颠社会阶级和次国族（subnational）分歧出来的日增智识敏感性中发生的——激进文化批判的各种可能性，也节制了它针对迅速工业化下生活素质滑落进行反省的可能性。殖民主义也假借打开在殖民地区的另类社会上升管道而将社会裂分的各种分界给模糊了；它也依赖了各个殖民地扩张时的战争，以及与其他想分享殖民荣耀的欧洲野心列强间的争战，背书了国族主义的情操，借之促生以达到上述的结果。不列颠人之由极少数精英进行近乎全面的文化宰制之所以成为可能，也是因为这个社会把一些间接表现出的文化批判转嫁到了各个殖民地上面之故：其中也包括那些受社会压力打击而对社会秩序不满的各种社会出位行为者（social deviants）。我说的也正是那种从受压迫的愤怒中产生的犯罪性，它们变成一种将针对统治者的情绪转移到加诸共同受压迫者身上的机制。① 对这个过程有所认受的，甚至包括不少殖民主义的护教士在内！有一个叫卡尔·西格（Carl Siger）的，他在法国人的经验中了解到：

> 新的殖民地区为个人的种种暴力行为提供了广袤的空间，这些暴力行为如果在核心国家中不是会和种种歧视之见相冲，就是会和生命清明有序的

---

① 法农在他的 *The Wretched of the Earth* 一书似乎认受了这个转移。

觉知相克；但在殖民地区，它却有更大的空间发展和滋长，它的价值也因而被首肯了。是故，殖民地区在一定程度上成了摩登社会的安全阀。即令这个作用是为殖民地的唯一价值，它的作用也是至极惊人的。①

不列颠人恐怕永远不会说这样的话吧！但这同样的逻辑却总是隐含在不列颠的统治文化之中的。

第三点，就是福斯特（E. M. Forster）所称的不列颠人的"长不大的心智"——它不但是把不列颠人从印度人中隔开，更把他们从彼此间予以分离。② 这种成长的阻滞不但用

---

① *Essai sur la Colonisation* 一书，巴黎，1907 年，引自 Césaire 的 *Discourse on Colonialism* 一书，第 20 页。在第 16 页上，Césaire 还引用了一个直言不讳的 Renan："由优越的种属给予次等或退化的各种属以重生，乃是上苍对人类各种事物的旨意。和我们一块儿，平凡人几乎成了落魄的贵族，他们笨重的双手比较适合拿剑，不是拿精神性的工具。他们选择了战争而不是工作……他们遂向各国——如中国——倾注所有无坚不摧的活动，大声呼喊对外人征战。他们更把骚扰欧洲社会的探险者——如游牧民族：法兰克人（the Franks）、伦巴族人（the Lombards）或诺曼民族（the Normans）——转变为 *ver sacrum*，使所有的人回到他们合适的角色里。大自然造出了工人一族——中国人一族……在泥土上耕作的农人一族——黑人（the Negro）一族……也产造主人和士兵的一族——即欧洲人的种属。"

② Forster 的 *A Passage to India* 一书当然只在印度的不列颠社会理脉里进行考察。

将认识从感知中筛离的形式呈现；它也经常在我们的时代成了触发"琐末的"暴力的一种扳机；更以种种意念与不同感觉间一种新的病态契合的形式出现。在不列颠，殖民主义的理论并不能保持为一种被隔离了的政治立场；它反而变成了一种宗教性和伦理性的理述，也成为某种宇宙观之不可分割的部分，它不但型构了变迁中不列颠社会的种种内在需求；同时也把令人发指的面容给予了那"原始的"宗教／社会意识；这个意识不但攫取了惊人的军事与科技权势，如今且在全球的向度上进行操作。牛津主教康格里夫（Richard Congreve）就曾经说："上帝把印度信托在我们手上代他打理，我们没有权利放弃它。"[①]而后来变成不列颠首相的约翰·罗素（John Russell）勋爵在说到非洲时，所讲的也被用到了印度头上，他公然宣称：殖民事业的目标在于奖励宗教宣诲且令被臣属的子民能"在基督庇护中分到一杯羹"。[②]这两个名人讲的不光是国族的利益或帝国的责任，他们也表达了身负的宗教感责任。莫里斯给这些念头做了简要的总结："且不

---

① 引自 K. Bhaskar Rao 的 *Rudyard Kipling's India* 一书（Norman: University of Oklahama，1967），第 26 页。有关这个伦理面相的有趣论述，可见 Wurgaft 的 "Prospero and Caliban" 一文，和 Mannoni 的 *Prospero and Caliban* 一书。

② 引自 Morris 的 *Heaven's Command* 一书，第 37—38 页。

必为帝国主义的各种手段和动机感到过意不去。"他说:"在
不列颠帝国占统领地位的日子里,不列颠人真的相信他们自
己是在上帝及女王名义下——无辜且高贵地——执行着一种
神圣性的目标的。"①在统治者宗教责任的另一面,则是一种
被有意推展的、促其日益渐增的被统治的宗教责任感——包
括了某些部类印度人中的那种植根于他们宇宙观中的政治命
定论。甚至班吉姆·钱德拉·查特吉在他的小说《极乐修道
院》中也在历史阶段说的新理述基础上认受了这种被统治的
责任。

最后,如弗朗西斯·哈金斯(Francis Hutchins)和路易
斯·沃加夫特(Lewis D. Wurgaft)在印度的理脉上令人信
服地提出了:殖民主义促使了殖民者们把种种永恒及无所不
能的魔力灌进了自己的身上。在不列颠内部这些感觉也变
成了不列颠人其自身的一个部分。这个社会开始贩售一个
主意:认为这社会是个先进的技术—工业社会,其中科学能
把人们从日常的辛劳中解放出来;它是一个先进的文化,在
其中,对人类理性和文明的规范有至大的影响力;它而且还
是一个有以达到革命性自我体现最远途程的一种政体——这
点则是针对如鱼渴水的激进内部批评而言的。不列颠女神

---

① 见 Morris 的 *Farewell to Trumpets* 一书,第 551 页。

（Britannia）不但驾驭了种种潮流，她还——对她的臣民及许多在欧洲的仰慕者言——是未来人类自我意识的驾驭者。[在许多重要的方面，殖民主义也为不列颠的自由主义和夸大的岛国根性进行了背书；殖民主义理论的大展鸿图恰恰出现在——对自由主义分子而言——不列颠诸岛取代了拿破仑的法国，而成为人类之希望的时候。① 而帝国一旦崩坏，自由主义的种族主义腹侧才败露了出来。而出名的岛国根性，果不其然，也让位给了批发性质的"西方化"——不列颠当然也不免是有它的西方的。而且，如马格里奇（Malcolm Muggeridge）曾经说的，这种根性还威胁着要把一些部类的印度人留置住，把他们保留成为世界上唯一遗世而存的不列颠族（Britons）。]

　　雅克·埃吕尔（Jacques Ellul）曾经昌言说摩登世界的两大神话是科学与历史。② 这两个神话的种种途程——加上它们早岁的"种种成长病理"——以及那些神话与病理相关的魔法性（magicality），这一切我们都可以在十九世纪不列颠宰制的世界观中找得到。

　　这些文化病理在不列颠社会引发了四种不同的反应。其

---

　　① 见 Morris 的 *Heaven's Command* 一书，第一章。

　　② 见 Jacques Ellul 的 *The New Demons* 一书，C. Edward Hopkin 译（New York: Seabury Press，1975），第四章。

中，较明显地反映在吉卜林（Rudyard Kipling，1865—1936）和奥威尔（George Orwell，1903—1945）身上；前者替现了与殖民主义共生的病态自恨与自我限缩（ego constriction）；后者所替现的则是作为种种与殖民主义正切的逆反命题（antitheses）的批判伦理和相对的自由感；表达了我人只有在从殖民意识中挣扎出来后才能获得的东西。他们两者——虽然各以极戏剧性的不同方式——都来源自（直接或间接地）暴露在殖民情境之中；也各自分别和权威、责任、心理安全、自尊、层压制、权势与福音主义等等想法（ideas）一再进行抗争。

第三种回应则是不直接、非自觉且明显地非政治的。在王尔德（Oscar Wilde）和当时伦敦的文化中心布鲁姆斯伯里文化区（Bloomsbury）附近不少成员身上——以及牛津与剑桥这些机构之精英文化的蛮多方面——都反映了这种混乱的、个人化的、针对超级雄性（hyper-masculinity）和过度社会化而进行的、不同种类的"病态式"抗议。我想到的不是一些有政治意识的知识分子们的成形的激进主义，我所指的反倒是一些显然非政治的知识分子——他们针对在整个不列颠文化中逐渐占据主导的（关于正典相对于异类的）官式思考——所进行的一干吞吞吐吐的抗议。

最后，是数量上虽属少数却心理意义重大的一些人的回应。他们全然地抛弃了他们的殖民者社会，转而投身为印度的理念而战斗。他们中有一些——在追寻技术官僚乌托邦和摩登性之外的另翼理想社会想象过程中——把自己变成了西方生活形态的边缘；他们也可以说是一些追寻——未被任何霍布士（Hobbesian）梦境所触及的——新的乌托邦的人。这些人中包括：妮维迪塔修女（Nivedita，俗名 Margaret Noble，1867—1911）、安妮·贝赞特修女（Annie Besant，1847—1933）和米拉贝恩修女（Mirabehn，俗名 Madeleine Slade，1892—1982）。她们不但在印度的宗教、知识和社会参与中发现了她们向她们自己社会提出异议的模型，也发现了印度的这一切对她们各种新样式的超脱给予的呵护：它对雌雄同体有更大的宽容，以及对女人参与社会与政治生活有更丰富意涵和认受性。①

　　然而，对我们而言更切题的却是像安德鲁斯（C. F. Andrews，1871—1940）的那些人，他们从没有自西方边缘化，

---

　　① 参见本书第 197—199 页（原书第 94—96 页），有关 Mira Richard 的例子之简略介绍。值得着重指出的是，这些女士们大部分都是爱尔兰人。但是，我得把她们和女性自身、依赖和独立、盎格鲁—爱尔兰（Anglo-Irish）的政治关系，关于天主教义和它对前摩登（premodern）或非摩登（nonmodern）思考范畴的更大宽容等方面，以及其种种可能的意义留给心理—历史学家们去研究清楚。

却在印度反殖民的一些脉络中为西方基督教找到更丰富的意义，也为传统基督信仰中的德行得到新的首肯。对他们而言，印度既是施行基督式的社会介入的地方，也是一个可以跟——成为不列颠帝国主义御用工具的——西方组织化基督教产生对照的地方。

下面简述一下这四种不同的反应：

吉卜林恐怕可以算是——基于殖民强权维持一己自尊的种种需要而从事的——创发政治迷思（myth，神话）的最有创意的营造者。他的帝国主义意识形态里的各种心理定位也常成为了西方对当代非西方进行意构（image）的座标。

在本书的另一些章节中，我描述了吉卜林的早岁经历和世界观，也演绎了他远超过一个具有统合名分（integrated identity）的偏执帝国主义者之种种。我也显示他是一个自恨地否定他自身中认同于印度那个侧面的一个悲剧人物；他的否定遂致使他认同了迫害、放逐和暴力；因为他在印度闲逸的童年后，残忍地遇上了英格兰。[①] 在这样的状态下，吉卜林在他的私人生活中，不但再现了他的社会中一再发生的痛苦文化变迁，也再生产了从罗伯特·克莱武（Robert

_____

① 见本书第109—119页（原书第64—70页）。

Clive）到丘吉尔（Winston Churchill）以来不列颠殖民主义在印度的历史。

大概从十七世纪开始，欧洲人格中的超级雄性（hyper-masculine）以及过度社会化的特性渐渐排挤掉那些和阴柔（feminity）、童稚（childhood）——后来还包括了所谓的“原始主义”——相合致的性格。作为乡民宇宙观的构成部分，这些性格特征对一个不跟成就与生产性挂钩的文化反而是具有不少价值的。而今，它们不但被视为有违于欧洲文明的主流而遭拒斥，并且被用来投射到欧洲的种种“低文化”，以及与欧洲文明邂逅的其他新文化上。在这个过程中，一个殖民地遂被当作一方面是童稚与无知（innocent）；另一方面又畸殊（devious）、纤弱且被动—横暴（passive-aggressive）的人们之所在。吉卜林主张：童稚性（childlikeness）的一些正面的特质是良好野蛮人（good savages）——像既献身又服从的那些印度武勇一族的甘加丁人（Gunga Dins）——的属性。此类人也包括了好心且爱国的不列颠的低层阶级，他们成为了王公们的“充员兵”，也尽职地在远方把自己的性命断送掉。

另一方面，童稚和女性化（feminine）的被动—横暴是衰竭的国族主义者、假的缙绅或英化印人的特征，这些人来自于各个非武勇的族群和支持这些族群的一些浅薄、不学无术的自由派不列颠人。这一切，显而易见的，是印度的所谓——相对于"野蛮的"非洲人——"文明"（civilization）所具备的性质。

上述就是为摩登性和进步性而进行代打的打手式文明宣教，也是殖民主义精神的精髓所在。吉卜林所做的不过是借产造新迷思来统一这些文化意识，来作为他试图搜寻一个整合的自身存有（selfhood）的构成部分。借用马尔库塞（Herbert Marcuse）过火的表述来说，它是反射了外部压迫体制下的内部压抑的例子。吉卜林这个柔弱、被动—横暴、"半野蛮、半童稚"的印度人形象不只是一个对英裔印人（Anglo-Indian）的刻板印象，也是吉卜林的**真实**的另一面相，欧洲的另外一个面容。

吉卜林的**最终收场**却要等他到了老年才迎面到来；届时他的文彩已征服了好几个世代的年轻读者；他终也几乎压倒了所有在印度和西方的批评者，成为了权威。他的独子也已为卫护他所深爱的帝国而战死；作为一个既无悉于摩登战争的超苛战技（mega-technology）和超级杀戮（mega-death）的人，也不是十九世纪自信十足的殖民主义之直接产物，吉卜林终于在老岁中崩溃了。他一直以来都被失养的惧吓追逐。他故事中的人物——大多是像王尔德一样的孤儿——则常常以反转的角色来寻求供养：他们从他们的护卫们——受自己保护或交游的小孩和小孩般的外人——的身上寻求慰藉。在这个过程中，这些人物似乎为他们的创作者——从他读者中及读者内在的童稚里——提供了相同慰藉的保证。这个来自于从属者的慰藉的幻知世界——或许补偿了来自父母慰藉的损失与缺憾——终于和老年吉卜林的丧子之痛合拍共鸣了。

埃德蒙·威尔逊（Edmund Wilson）敏感地捉住了吉卜林的这个精神状态；他是同样程度地被他心仪的帝国主义和被他的自我压迫所击碎，变得失神丧志。① 威尔逊援引了这个败北的帝国主义者——在老年中孤寂——消沉和恐惧失智的话语：

> 我有个梦——一个可怕的梦——
>
> 一个快要完结的梦，
>
> 我见到了一个失去了神智的人，
>
> 而他就是我**母亲的亲生子**。

乔治·奥威尔对殖民主义意理的反应则可说是恰恰和吉卜林针锋相对；他反其道和一系列的创造性神话协力，跟它们一起再次首肯了殖民主义强迫人们捐弃的种种价值。

---

①　见 Edmund Wilson 的 "The Kipling that Nobody Read" 一文，收入由 Andrew Rutherford 编的 *Kipling's Mind and Art* 一书（Stanford, California: Stanford University Press, 1964），第 17—69 页。

他清晰地意识到了不列颠殖民主义已经制造了一种对"母体文化"（mother culture）的需求，也为殖民统治者组装了一套生产线以为这个需求进行生产。这个"母体文化"不但把统治者从他的受治者中疏离出来，也离间了他们自身。然而，奥威尔是从人本论和人道社会主义的理性主义出发，是故让他无法开出压迫者与受压迫者之间连续性的全般意义。① 尽管如此，他却意识到受治者的被压制也牵连到统治者自己的受压制，也认识到不同殖民地的殖民子民对他们殖民主的控制比起统治者对他们宰制的也不遑多让；它们同样是真切无异的。或许他也已不由自主地挑战了自己，也觉察到了前一项的控制反而比较不容易抗拒，因为它们潜而不显、微妙且涉及人们内里的压迫；相对的，后者的压迫性则比较明显，因为它涉及的是两种文化之间的权力关系。

　　这种互为缠绑的最动人的画像是奥威尔的《射杀一头大

---

　　① 见如奥威尔的 "Reflections on Gandhi" 一文，收入 Sonia Orwell 和 Angus 编的 Collected Essays, Journalism and Letters of George Orwell 一书（London: Secker and Warburg, 1968），第 4 卷，第 463—470 页。奥威尔虽然强调道德的甘地，但否定了甘地的世界观，认为它是非理性和反人道主义的，也认为他的人格在美学上是令人反胃的。但是在同一册里，他在 "James Burnham and the Managerial Revolution" 一文中（第 160—181 页）——特别是在甘地所攻击的摩登压迫这个特定问题上——却展示出一种异样敏锐的感知。

象》一文；文章中他生动地描绘了殖民者置身其中的种种不安和恐惧。① 所有我人今天能在西方文化危机中找到的各种有关主题，都包含在这篇文章里面：透过形式化、刻板化、职份明确的关系来神圣化社会联系；对自然的工具观；透过文化分层和排他主义的论述，造成殖民地中殖民者的人为孤立；在被殖民者面前不断地寻求雄迈与权位；认为被殖民者是容易受骗的小孩，必须用突出的男性气概（machismo）来吸引他们（也造成了殖民者不得不被迫应观众要求，强把一定的殖民戏目捆在一块儿上演）；为一个被强加的、装腔作势而滑稽的帝国名分——其宏大壮观至于失真和嗜杀的程度——必须压抑一个人的自身。所有这些吉卜林以他的生命经验间接发声，或在他的著作中试图隐藏的东西，奥威尔转而用他自觉自反的政治分析公开明白地讲了出来。

　　奥威尔基本上是一个极权主义的批判者，但读了他的《动物农庄》和《1984》的人当然会认识到：他对从平权主义及进步思想生出的种种压迫也痛加针砭。恰恰是他的这个自身跟本文的论旨特别有关系，因为远在摩登进步的教义回过头来报应到第一和第二世界之前，许多被殖民的社会早已

---

　　① 　见奥威尔的 *Inside the Whale and Other Essays* 一书（Harmondsworth: Penguin, 1957），第 91—100 页，以及他的 *Burmese Days* 一书（Harmondsworth: Penguin, 1967）。

被它烧得体无完肤了。

奥威尔出身在一个颓败中的旧式、半贵族的家庭。这家人曾在殖民地任职也曾拥有奴隶。和吉卜林一样，他出生在印度但却在英格兰长大——但他离开印度时年纪太小，对它毫无记忆，因而他可说受的是标准的英吉利中产阶级教养。到了晚年，奥威尔认为他童年时很受压迫，写出了他那近乎"极权"的暴虐学校经验。他的传记作者伯纳德·克里克（Bernard Crick）却认为奥威尔的童年，客观地说，一点也不受压迫；他只是"重写"他的记忆来符合他后来的关注罢了。① 但克里克的文本却同时强调奥威尔早岁生活中的三个主题，它们都和奥威尔成年后对压迫的理解有关，也影响了他对不列颠殖民文化产生排斥。

首先，奥威尔成长的环境基本上是一个女人的世界，他对男人的意象不外乎是污秽、暴力且低下。像吉卜林，他很早就显露了对心智生活的偏好；和吉卜林一样的，对于组织在苦行主义、在清教徒式性事（尤其是同性恋性向）上拘谨，用力于功课、强调运动员精神及超级雄迈这一系列与他

---

① 见 Bernard Crick 的 *George Orwell, A Life* 一书（Boston: Little, Brown, 1980），特别是第一和二章。我们不太清楚为何克里克恰恰因为奥威尔承认了这点而强调他的看法（第 344 和 347 页）。

理念冲突的学校制度，他是颇感到退避自缩的。^① 又和吉卜林一样的，奥威尔是一个敏感、忍让的男孩。他因此在学校中人缘不佳、也常是同学们欺凌的对象。可是，这一些类近的经验对奥威尔造成的最终结果却和对吉卜林的影响非常不一样。他的早年境遇，对男性雄风（maleness）的爱憎之情也阻止了他进向超级雄性质地的宰制文化，也使他从头到尾都是父权世界观的反对者。

此外，年幼的奥威尔——据作为自传作者的奥威尔自称——在早年就知道他"生活在一个**不可能**做个乖孩子的世界"，也就是说："在那么一个世界……所有的规矩都是些现实上不可能的东西……没有办法照他们做的。"^② 这恐怕也包括了一系列专施教于弱者和可能变乖者的种种特殊课业。所有这些，当然可以像克里克想做的那样，把它们当作是奥威尔的"烟幕记忆"（screen memory）来解释掉，但它也可以被读作是植根在他经验中的记忆。奥威尔还是一个尿床的孩子，但他却得学习处身在一个认为那是"罪行"的学校，活在被施凌、屈辱和体罚的日子里。维多利亚朝的道德规条告诉他尿床是恶劣的，但控制这个恶性却又在他的能力之外。

---

① 见奥威尔的"Such, Such Were the Joys"一文，收入 *Collected Essays* 一书，第 4 卷，第 330—369 页。特别参见第 351—353、359 页。

② 同上书，第 334 页。

"罪恶不一定必然是你做了什么,它可能是发生在你身上的事情。"①

再者,恰恰是从学校当中,奥威尔最先被启示了——他承认是再花了二十年自己才觉知到的——这个原则:"被强者宰制的世界上的弱者"一定要"把所有的规条破尽,不然就要被毁灭掉"。他遂声称:弱者们"有权为他们自己设立不同的一套规范"。②除非他们能获得"存活的本能",他们就不得不接受那么一个世界,在那世界中"只有强者应该赢,弱的应该输也永远在输,永不超生"。③

虽说听起来蛮奇怪的——如果有种种"对的"价值的话——奥威尔居然可以是吉卜林笔下的主角之一呢!他对各地的"土著"和英吉利的各低下阶层都有极正面的对待:虽深具同情却不全般认同;具有一种道德的责任感、一种不可阻挠的毅力,可以在自己的时代承担不讨人喜欢的工作。可是,奥威尔却把这些旨向用到别的地方了:他把自己变成了——针对建立在帝国主义及其成就基础上的摩登不列颠中产阶级的——宰制文化的批判者。

———————————

① 见奥威尔的"Such, Such Were the Joys"一文,收入 *Collected Essays* 一书,第 4 卷,第 334 页。

② 同上书,第 362—363 页。

③ 同上书,第 359 和 361 页。

至于第三种对殖民主义的内部回应则保护了不列颠自身的比较雌性的一些方面；它透过一些如剑桥／牛津（Oxbridge）和布鲁姆斯伯里文化区等特定地理与心理空间里的"心智败坏"——或"罪犯"——式的自身表达方式表达出来；它也在与自己性别名分有冲突并谋求从这些冲突中间接地寻觅意识形态议题的人们中找到表现。所有这些人几乎都未曾意识到他们的内在驱力不但是他们共同的政治声明，更是共有的私己性冲突的各种因子的集成。

尽管如此，这些人的个人生命经历和他们种种人际关系的氛围把王尔德（Oscar Wilde, 1854—1900）、摩尔（G. E. Moore, 1873—1958）、凯恩斯（John Maynard Keynes, 1883—1946）、斯特拉奇（Lytton Strachey, 1880—1932）、伍尔芙（Virginia Woolf, 1882—1941）、毛姆（Somerset Maugham, 1874—1965）、弗斯特（E. M. Forster, 1879—1970）和奥登（W. A. Auden, 1907—1973）这些非政治的人物都突出成为——针对殖民主义相关世界观的——活生生的抗议人物。

心理分析者劳伦斯·库比（Lawrence Kubie）相当仔细地探究了才气横溢之辈如伍尔夫者所征示的、追寻双性特质的种种特性，也涉及了在这样追寻中的种种煎熬。① 这种煎

---

① 见 Lawrence Kubie 的 "The Drive to Become Both Sexes" 一文，

熬之变得更加尖锐，是由于它产自于一个否定自己在诸雌雄同体传统日益衰退的文化理脉中，它也被夹缠在否定人类双性特质的种种与生物事实心理学关联性中。[①]"高尚肛交的意识形态"、美学主义、新希腊主张之所以成为十九、二十世纪不列颠许多创造性人物的心仪所在，要予解释则不能不回顾在当时不列颠社会已将雌性特质贬抑为下层阶级、污染和反社会的东西的具体情况；不能不去了解它又以何种方式把男人中的雌性特质几乎当成了是否定人性的东西。在印度、殖民文化也将**雄性**（puruṣatva）和**雌性**（klībatva）视为反义名词，它强分两极的作为是在不列颠进一步强化超级雄性特质原则之宰制斗争中产生了它的伴生物。殖民主义之作用只是——透过流行的不列颠的性别刻板印象——进一步把不列颠社会内对这种反义两极化进行对抗的各流派意识进

收入 *Psychoanalytic Quarterly* 一书，1974 年，43 卷 3 期，第 349—426 页。

① 参见 Noël Coward 的自传 *Future Indefinite* 一书（London: Heinemann, 1954），可以体会到他（如何在社会可接受的和流行的模型里）经常用风趣和快乐去掩盖自己在性向差异上的痛苦和孤独。企图将男人—女人关系与各低下阶级联结，以及和反帝国主义及反军国主义相关批评加以阐联的"感觉结构"方面的讨论，可见 Raymond Williams 的 "The Bloomsbury Fraction" 一文，收入 *Problems in Materialism and Culture* 一书，第 148—169 页。Williams 更为有关深层心理学和布伦斯博瑞文化区症候群（Bloomsbury syndrome）间的关系性质提供了一些隐然的线索。

一步边缘化罢了！

如果以王尔德这个有惊人创造力又显然远离不列颠—印度的政治的人为例：理查德·艾尔曼（Richard Ellmann）在一篇关于王尔德生涯的近作中即突出地显示了王尔德的性倾向既是一种文化现象也是一个抗议的宣示。① 昆士伯里侯爵——王尔德情人波西（Bossie，阿非利·道格拉斯勋爵）的有仇必报的父亲——不但是一个顽固的保守派，更是王尔德非典型性别名分的典型文化死敌。王尔德和他的情人都自认是这个沉着应战的侯爵的对立面，他们挑战了他那从不间断的寻求人们——不但是对一己的，更是对文化的——对雄性自身肯定的行事。② 侯爵本人是昆士伯里拳斗规则的发明人，他象征地寻求的是一种借定规和强制纪律施行的暴力，也以遵行这种不列颠侵凌性雄性质地当作最高德性——即运动员精神——来寻求人们的肯定。可是，拒绝同意他的恰恰就是王尔德。王尔德的幼子维维安·贺兰（Vyvyan Holland）

---

① 见 Richard Ellmann 的 "A Late Victorian Love Affair" 一文，收入 *New York Review of Books* 一书，1977 年，24 卷 13 期，第 6—10 页。

② 见 Geoffrey Gorer 的 "The British National Character in the Twentieth Century" 一文，收入 *The Annals of the American Academy of Political and Social Sciences* 一书，第 370 期，1967 年 3 月，第 74—81 页，特别见第 77—78 页。

后来写道：王尔德有一种"对因袭俗成事物的极端厌恶"，这也造成了他被他的社会所毁弃。[①] 他没有认识到帝国主义正是植基在苟且因循以及一般常识的病理学之上的；它也以贩售植基于不列颠俗民文化中的道德文明意念来寻求认受性。王尔德公然地反抗和蔑视那些固习——特别是它对种种性事方面的刻板规范——他（无论是多么间接地）所威胁到的无疑是不列颠殖民态向（attitude）上的基本设定。

大家都知道王尔德对他的同志倾向如果**谨慎**一点的话，他本来是可以被"原谅"的；好比说，假使他不对侯爵进行刑事控诉的话。维多利亚的英格兰也是会愿意容忍王尔德的性别名分的——如果它能被当作只是一个边缘宗派的生活方式，而不将它公开地予以夸示而招议的话。

然而，公然演示地将他的同志倾向当作一种文化意识形态，王尔德威胁的是破坏他社会的宰制性自身意构（self-image）：这社会认为它自己是一个清楚定义的男人们——具种种明确划分的男人／女人关系——的社群。英格兰精英文化不能容忍的是王尔德大张旗鼓地从这个社会定规严苛的性别角色中脱轨而出，而这个唯美主义者的王尔德有所不知的

---

　　① 转引自 H. Montgomery Hyde 的 *Oscar Wilde* 一书（London: Methuen, 1976），第 136 页。

是：这个社会早已在千万里外的殖民地，对那些定规编造出了各式各样的政治意涵。

在另外的一方面，王尔德还"孩子气地"蔑视当时的可尊敬性。艾尔曼的文学批评强调了这个方面，它使得我认识到这个基本上无涉政治的王尔德（尽管是非自我意识地）确曾挺彻底地针对产生殖民主义那种政治文化进行了批判。①王尔德拒斥了马修·阿诺德（Matthew Arnold）的声音："批评的目的是在物里见到它自身之为是。"对他而言，批评的目的是在物里见到其自身之非实。这似乎可视为是"为艺术而艺术"这古谚的另外一面；但如艾尔曼说的，它也可被阅读为毕加索（Picasso）的信念：艺术即"不是自然之物"的一个较早版本。在这方面，它也成为了阿多诺（Theodor Adorno）和马尔库塞后来推出的、对过度社会化的思想进行批评的先行之见。轻蔑地挑战既存的艺术就是颠覆的艺术，它"挖了既存事事物物的墙脚"。是故，王尔德之欣赏的那些历史学家们，他着眼的地方也就是在于他们挑战历史：

> 他颂扬那些支配事实而不是向事实称臣的历史学家们；晚年，他更勇敢地提出："人们对历史的责

---

① 见 Richard Ellmann 的 "The Critic as Artist as Wilde" 一文，收入 *Encounter* 一书，1967 年 7 月，第 29—37 页。

任就是要把它重新书写";这句话可作为他较广为
人知之信念的一个构成部分:吾人对自然、真实或
世事的责任(或更精确些:绮想)就是要去重新建
构它。①

尽管如此,王尔德终究仍是个边缘人。他的生命哲学
也处在他社会的边缘。不论是他的性事方面的**离序**(devi-
ance)或他对每日生活及历史的批判,对不列颠的主流文化
而言它们都不是可以被人理解的东西。果不其然,他创造
的戏剧及故事中的各个角色也是无父无母的;② 他们既不背
负身边的权威,也因而懒得和那样的权威有什么激情的冲
突了。那些角色产生的幽默,源自于远距的拒斥而不是近
身的叛抗。

或许现在我们应该讨论对西方文化的另一系列批判;它
们把抗拒既存雄性质地、排斥正常历史当作它更明言的、更
具文化认受意理的组成部分;也就是说,我要谈的是另一种
有源有自的异议样式。

查尔斯·弗里尔·安德鲁斯(Charles Freer Andrews)——
在印度受到景仰却在英格兰不为人知——出身于一个有宗

---

① 见 Richard Ellmann 的 "The Critic as Artist as Wilde" 一文,收入
Encounter 一书,1967 年 7 月,第 30—31 页。

② 同上书,第 30 页。

教信仰却不遵奉英国国教（nonconformity）的传承。① 像奥威尔一样，他是他妈妈的挚爱；又和奥威尔及吉卜林两个一样，他和他那天主教使徒教会（Catholic Apostolic Church）教士的父亲关系疏远。安德鲁斯的童年深受了各种宗教神话及意象的感染，他也比一般人更多地接触到古典文学。在后来描绘早岁的家庭生活时他说："它是不容许摩登思潮进入的一潭死水所在。"② 他又和奥威尔及吉卜林一样，在学校里面很觉不堪；一方面因为功课繁重，但更因为他是一个纤弱、过度受保护的小男生。处身在四周都是年长、强壮的"粗鲁"男孩们中，他成为了他们同性恋关注的对象。安德鲁斯对他们的反应似乎并非全然被动。终其一生，他记忆中这些经验是自己身上的"一种罪恶般的不洁"。休·廷克（Hugh Tinker）——他绝不是一个过度心理化的传记作家——描绘了它的结果：

> 查理从来未曾有过女朋友，这个他"不洁"的重罪感深深地埋在他的心里；可能因为是在学校之故，他下意识地转变——或被迫转变——变得无能与女人有身体上的爱欲。他在学校里有很多年都有

---

① 见 Hugh Tinker 的 *The Ordeal of Love: C. F. Andrews and India* 一书（New Delhi: Oxford University Press，1979），第 1 页。

② 同上书，第 5 页。

情绪方面的挣扎；尽管长大后他掌握了情势，他的罪恶感却始终挥之不去。①

虽然安德鲁斯对传统的异性恋感到格格不入，加上其他所有的神经衰弱症和神经质亢奋，他一生始终都和孩童融洽相处。不管上述这些汇合是否帮他看穿殖民的意识形态，他毕竟——对许多友人而言——成为了一个被称为"真心的印度人、真诚的英国佬"那样的特立人物。②他也因此成为了古典意义的普同主义者泰戈尔和民俗基础上的批判性传统主义者甘地两者间的桥梁。他视泰戈尔和甘地二人是——针对被殖民意识形态的摩登主义知会（informed）之下的种种——提出有效另类出路（valid alternatives）的人。虽然他认为泰戈尔较易被了解，但他却追随了甘地，将他对不列颠殖民主义的批判移植到批判性的基督教伦理之上。[他当然无疑地会拒斥一些当代基督传教士们的不涉政治、非批判性的传统主义；正如他会拒斥如特蕾莎修女（Mother Teresa）那样的引人注意且感人行善的版本；他会认为这类的反政治

---

①　见 Hugh Tinker 的 *The Ordeal of Love: C. F. Andrews and India* 一书（New Delhi: Oxford University Press, 1979），第 4 页。

②　见 M. K. Gandhi，引自 Pyarelal 的 *Mahatma Gandhi: The Last Phase* 一书（Ahmedabad: Navajivan Publishing House, 1958），第 2 卷，第 100 页。

倾向是他无法接受的。①] 可以预期的，在印度，安德鲁斯采行了许多印度人的，特别是兴都的社会习俗——包括衣饰、食物和社会关系——但他也注意到不让人误会他是一个失格的基督徒；他晚年甚至于尽力为自己取得一个正式的基督徒葬礼。显然的，他的社会与政治行动理念不但归功于他的印度化自身，也源自他的各种非摩登的西方传承。作为一个对异议者之各种摩登评论的评注，这个不列颠两百多年殖民史里最接近印度的西方人，他的作为是植基在宗教的各个传统上，而不是在世俗的意识形态的层面上的。

相对照地，在一个可怕的失败主义的史境中，辨喜曾说兴都信仰者的救赎得靠三个 B：牛肉（beef）、二头肌（biceps）和《薄伽梵歌》（*Bhagvad-Gītā*）[民族主义者的化学家雷（P. C. Ray）好像也曾表达类似的意见]。如果安德鲁斯碰到这样的说法，他一定会感到痛苦。即令他的知识领域有限和他的神学简单朴素，他对资本主义、帝国主义和基督教三者间的缠结是有认识的。② 尽管如此，他的基督信仰所要求于兴都

----

① 我在这里这么说，并不受安德鲁斯（Andrews）喜欢史怀哲（Albert Schweitzer）（见 Tinker 的 *The Ordeal of Love* 一书，第 206 页）的影响；单纯的安德鲁斯是不会注意到在他内里隐现的道德和文化的傲慢的。

② 见 C. F. Andrews 的 *Christ and Labour* 一书（London: Student Christian Movement，1923）和 *What I Owe to Christ* 一书（London: Hodder Stough-

人的，断然不是兴都国族主义扮装下的雄迈的基督教特性。他的基督信仰在于寻求践实甘地的信仰；他在他的十六题旨论叙中指出了他相信西方和东方可以（也早已经）在摩登性的种种框束之外相遇共处的。[①] 安德鲁斯否认的是摩登的不列颠，不是传统的西方。甘地称他是真心的印度人、真诚的英国佬；他没讲的是：他之作为一个真诚的英国佬使得他成为了一个真心的印度人。

　　写完了这一节我才发现，在我的纪录中，关于殖民主义在不列颠的回应和关于印度人的回应，它们在一个层面上是有所不同的：印度人方面我似乎强调的是种种文本和神话；对西方人却着重在人物。这是意外吗？还是它不情愿地首肯了描述不同文化可有不同的方式呢？是因为有些文化主要是围绕着众多生命史交切的历史时间而组合成的，而另一些文化则围绕着没有时程的众多神话和文本吗？下面的章节或许可对这些问题作出部分的回答。

---

ton，1932）。

　　① 见甘地，转引自 T. K. Mahadevan 的 *Dvija* 一书（New Delhi: East-West Affiliated Press，1977），第 118—119 页。

VI

然而，最有创发性的对西方文化倒错的回应，当然，不能不是来自它的一干受害者。由于被殖民的印度始终保有着它雌雄同体的宇宙观与格调的一些面相：它得以据之产生了挑战殖民主义超雄迈世界观的跨越文化（transcultural）抗争，它的代表人物就是甘地。

尽管如此，甘地的真身之作为一个印度人让我们不该忽略他的风格跨越了不列颠与印度，也跨越了基督教与兴都信仰的种种文化区隔。就算是一个非西方人，甘地也总是试图作为另类的西方的一个活生生的象征。他不但意识到且"善用"夹缠在帝国职责与胜利主体绞链间的不列颠文化之种种重大困境，更隐然地将他的最终目标定义为是将不列颠从不列颠殖民主义的历史与心智中解放出来。对他而言，被压迫者相对于压迫者在道德和文化上的优越性绝对不是一句空话。

这就是何以甘地兴致盎然地寻觅不列颠和西方的另类文化，以之作为他拯救印度理述中的一个重要部分了。没有错，"甘地是针对英吉利这个题旨而树立的活生生反命题"，①

---

① 见罗洛梅的 *Power and Innocence: A Search for the Sources of Vio-*

但这个反命题在英吉利本身也是隐然存在的。安德鲁斯是甘地一生最亲近的好友，他不但是一个献身印度自由事业的教士，也忠诚于一种比较柔软可亲的基督教义，他之于甘地犹如托马斯·曼（Thomas Mann）之于弗洛伊德：他们肯定了在每一个已经走火入魔的"同质性"文化下必定——或者说，为了保护一个人的理智和人性我们必须当它必定——存在的边缘性反省潜能。[这当然不是说可以把它化约成在普通的疯狂宰制了历史时所仅余的道德姿势；有如吉恩·夏普（Gene Sharpe）所描绘的那个战时柏林纳粹统治下成功的和平性反抗。]① 同样的，甘地对一些基督圣咏和《圣经》章节的特殊偏好当然也超过了一般兴都信仰者对印度的少数宗教所做出的象征表态。在一定的层面上，他也首肯了基督信仰中某些较收敛性的元素，认为它们和兴都信仰与佛教世界观的诸元素完全合致。甘地为人们心智进行的斗争，质言之，是复现人性柔软一面的普同性战斗；召唤着一个被西方自身观念排除在记忆领域之外的所谓男人的非雄性自身的存在。

　　他所诉求的对象是什么呢？难道只是精神失常的边际人

lence 一书（New York: Delta, 1972），第 112 页。

　　①　见 Gene Sharpe 的 *The Politics of Nonviolent Action*，卷 I 一书（Boston: Porter Sargent, 1973），第 87—90 页。

或无关紧要的少数吗？我疑心甘地心里不但有精妙的道德敏感，更有政治上和心理上的精明。好比说，他对不列颠国民性某一个侧面的描述——相对照于印度的种种想法，特别是甘地的和平主义和西方的侵凌性——必会引起读者感到有趣：

> 　除了低层劳工阶级的破格成员（他们从未大量地来到殖民地）外，英吉利人多注意控制他们自己的侵凌性，避免受到他人的暴虐，也防止自己对儿童有施暴行为的出现……这种对侵凌性的控制看来已成为几个世纪以来英吉利中产及高层阶级品格的主要成分。在体育比赛的理脉中，这种对暴力的控制叫做"运动员精神"，从英吉利到世界的各个角落。这种"运动员精神"的一个面相是用规则来控制身体上的暴力……"运动员精神"的另一个面相是非暴力地接受拼比的结果，既不奚落溃败者，也不对胜利者怀恨在心。这种"运动员精神"的观念很早就被隐喻地从运动比赛扩及到了几乎所有各种竞比或对峙的状况；一个"好运动"这个令誉是大部分英吉利人对之评价极高的东西。①

---

①　见 Gorer 的 "The British National Character" 一文，第77页。

针对这样的观察，我要补充尼拉德·乔杜里（Nirad C. Chaudhuri）的看法——他是一个对印度文明进行内部批判的人，尽管有不少人会立即把他当成是无可救药的反印派或西方在东方的说客。

目前的一些信念由于甘地主义而得以强化：认为兴都信仰者是爱和平及非暴力的族群。事实上，很少有社群是像他们这么好战和嗜血的……阿育王（Asoka）碑文中的二十五个字竟然全然地压过了其他上千的铭文以及整个梵文文献，后者在在为兴都信仰者无可救药的军功主义提供了证词……他们的政治史是由血迹写成的……在第三世纪这样的多余的非暴力宣称和二十世纪圣雄甘地——大部分无用——的再确认之间，兴都信仰者没有一个字谈到治国术的理论和它的实施中有什么非暴力的东西。①

我并无意用两个立场鲜明的党派性人物（partisan）的

①　见 Nirad C. Chaudhuri 的 *The Continent of Circe* 一书（London: Chatto and Windus, 1965），第98—99页。一些社会科学家也注意到了各种侵凌的需要再三地被放在各种投射（特别是主题）测验预估的需求之首位，而很多的社会科学家均认定侵凌性是印度人的主要冲突领域。详可参见阿希斯·南地和 Sudhir Kakar 的 "Culture and Personality" 一文，收入由 Udai Pareekh 编的 *Research in Psychology* 一书（Bombay: Popular Prakashan, 1980），第136—167页。

看法来替换不列颠统治者和印度受治者的种种刻板印象。我要讲的是：甘地的非暴力恐怕既不是一个单方面的道德演示，也不纯然是一个有关人性的兴都信仰者，相对照于非人的不列颠臣民的单一情事。作为一个精明的知英派（Bania），和讲求实际的理想主义者，甘地无误地见到——在不列颠国民意识的一些层面上——存在对他铸造中的政治方法论近乎完美的认受性。另一方面，他也知道他必须在印度努力战斗，才能把他的非暴力版本建构成"真正的"兴都信仰或兴都信仰的中央核心。毕竟，甘地自己说，他的非暴力理念是借自于基督的山上宣教，而不是源于印度的圣书事典。不列颠在甘地前的一百五十年统治中，从来没有重要的社会改革或政治领袖曾经尝试将非暴力赋予印度人或兴都信仰者以主要德性方面中心性的地位；比较最接近的只有罗姆莫罕·罗易和他的慈悲（dayā）观念。相对照的，在甘地出现前许多年，辨喜讥讽地说：不列颠人尊重了古印度文典中的"真实"律令，将之修为成现世、享乐与雄迈的追寻者；在这同时印度人却愚蠢地遵循了基督教的"真理"规条，把自己变成了不列颠人的被动的、遁世的和雌性的顺民。[1] 辨喜对基督教

---

[1] 见辨喜的 *Prācya o Pāścātya* 一书（Almora: Advaita Ashrama, 1898）。辨喜的这个观点，同时也出现在 Sudhir Kakar 对辨喜阐释的 *The Inner World: Childhood and Society in India* 一书里。（New Delhi: Oxford

和兴都信仰的理解是对是错并不重要，重要的是甘地对同样的理解给予了完全不同的运用。

在这样的意义上，甘地想要解放不列颠人的程度正如他想要解放印度人，他始终都注意到，也不断地加以运用的东西就是沙坦（Chaim Shatan）近来指称的（存在于美国海军陆战队成员的）——为了伪饰的荣誉与伪饰的男人性等价值——宰制或统治集团在自身制造的压迫系统内产造的恐慌和自囿性的禁锢。①

把这个认识运用到政治上面，甘地首先挑战了以生物性的层压化来当作政治不平等及不公不义同系物——及认受性——的意识型态。如上面提点的，殖民之性别的名分排序认为：

> 雄性质地的精髓（Puruṣatva）＞雌性质地的精髓（Nārītva）＞雌雄同体性（Klībatva）

这是说男人性（manliness）比女人性（womanliness）超绝，女人性优越于男人中的雌性质地。我也曾经指出印度对此的第一个反应就是接受这个排序，并且给予刹帝利自身

University Press，1977），第 160—181 页。

① 见 Chaim F. Shatan 的 "Bogus Manhood and Bogus Honor: Surrender and Transfiguration in the United States Marine Corps" 一文，收入 *Psychoanalytic Review* 一书，1977 年，64 卷 4 期，第 585—610 页。

以新的重要性来当作真正的印度性。为了用殖民者之矛攻其之盾而重获一种作为兴都信仰者之印度人的自尊，印度许多的敏感心智像少年甘地一样试图在个体发生的层次进行象征性的尝试——也试图求助于他们的穆斯林友人：[1] 同时寻求一个对同胞（特别是那些暴露在王公们威仪之下者）和殖民者都可以接受的超级雄性质地或超级刹帝利自身。

然而，在一个非组织化的、多元且对战勇只有区域性相对认受性之社会，这些与殖民统治者玩的酒神式游戏注定是没前途的；这个现实是班加里（Bengali）、旁遮普（Panjabi）和马哈拉施特拉邦（Maharashtrian）等地的恐怖主义者们在二十世纪初付出惨重代价才发现的事；当时正值二十世纪二十年代、甘地介入印度政治之际，他们的存在甚至比不列颠人更和社会疏离。

甘地的对策是不同的。他用的是两个不同的排序，每一个都可以对情况的不同需要予以引发。第一个是从印度关于圣洁性的大、小传统中——或许也自某些 vāmāchārī（或旁门左道的）宗派透过其神圣双联法力的教旨中——原封不动

---

[1]　少年甘地试图在个人的层次寻找出或追求大男子气概（macho），其程度至于逻辑的荒诞极至的故事，可参见 Erik H. Erikson 的 *Gandhi's Truth: On the Origins of Militant Non-Violence* 一书（New York: Norton，1969）中的富感知的论述。

地借来：

$$雌雄同体 > \begin{matrix} 雄性质地的精髓 \\ 雌性质地的精髓 \end{matrix}$$

也就是说，男人性和女人性是同值的；但已经超越男人—女人二分的那种能耐则是超绝的，它开始成为为圣洁及神性特质的指症（indicator）。为了这么做，甘地不得不忽略他文化中某些对雌雄同体形式的贬抑。

甘地之引发第二个排序则始于南非，后来他在用到印度的反帝国主义运动时也就它进行了方法学的论证。

雌性质地的精髓＞雄性质地的精髓＞懦夫怯弱（Kāpuruṣatva）

这是说，雌性质地的精髓是超于雄性质地的，而雄性质地的精髓则优于懦弱——在梵文中的意涵是雄性质地的败堕。虽然这个排序和印度诸传统的解释并无不合，但以这个样式表出则得到了新意。因此，这排序的第一对（雌性质地的精髓＞雄性质地的精髓）常常比较直接地用来指涉超越的和魔法的事物；第二对（雄性质地的精髓＞懦夫怯弱）指涉的则是一般的每日生活的原则。可能这么一来，这两对的并合使得选择借首肯自己的雌性自身而排斥一己懦弱的男人也从而能被赋予了宇宙的雌性原则中的魔法力量。

此外，这一系列关系中还有不少隐然的意涵。这些意涵是文化地"被设定的"，是故甘地也视之为当然；而一个外在的观察者却不易体会。首先，甘地在妇女解放运动伊始前五十年就一再地强调的**雌性质地**的精髓，它替现的东西远远超过了主宰的西方对**女性自身**（womanhood）的定义。它既包含了在印度的一些对女性自身的传统含义：好比认为力量、积极性和雌性质地的结合性超过力量、积极性和雄性质地的结合。它也暗示了：相信雌性原则在宇宙中比雄性原则更加有威力、更加危险和难以控制。然而，在女性自身这概念中更加中心的是传统信念中的认识：认为雌性的名分里的母性远超过了她的妻性。这个信念突出了女人之作为性事的对象和来源远远不及于女人之作为母性质地和恩慈的源头。甘地对人类性事的疑惧——不管它在甘地个人生命史上的心理动理的解释为何——是和他对印度文化的认知百分之百契合的。

其次，虽然甘地政治践行的主要原则是非暴力或可避免暴力，另一个附带性的原则就是沙（K. J. Shah）所说的**无可避免的暴力**（unavoidable violence）。非暴力原则给予了男人们接近保护性母道（protective maternity）的途径，它意味着他们可企及于半女世尊（*ardhanārīśvara*）——一个半男半女的神——圣神性的状态（god-like state）。就雌性质地的精髓的文化意涵而言，非暴力同时也给予男人以管道去接近寰宇间进取而有力的母性原则：神奇般地庇佑且在在昭示着一种海洋般、乌托邦式的幸福。在这个道理上衍生的勇气——即劳埃德·鲁道夫和苏珊·鲁道夫（Lloyd and Susanne Rudolph）两夫妻所讲的甘地的新勇气[①]——可以使得一个人得到提升；超越懦夫怯弱，走上转化成为——承认自己有变成双重性别的冲动的——真正的男人（authentic man）的道路上的"男人"。这种勇气并不必然如刹帝利自身般地要和暴力相结合，但它在一些情境下却包含了不可避免的暴力，特别是在倘不如此就必须消极地容忍不公不义和压迫的情况下，在不但成为心甘情愿的受害自身（victimhood）并且因而接受了受害自身的派生利得（the secondary gains of the victimhood）——比暴力更等而下之的状况——的时候。

质言之，甘地的心中明白到积极性和勇气可从侵凌性中被解放出来；他也认识到它们可以和女性自身——特别是母性（maternity）——相提并论。无论这个位置是不是充分地否证了刹帝利式的世界观，它无疑地否定了殖民文化的根本基础。殖民文化深重地依据了西方的宇宙观，这个宇宙观根

---

① 见 Lloyd 和 Susanne Rudolph 的 *The Modernity of Tradition* 一书（Chicago: University of Chicago Press，1966）中的第二部分。

深蒂固地包含了对——因失去了积极性和施暴能耐——丧失了性能（potency）产生的惧怕。我避免在此讨论这些恐惧之下的种种遐思——强暴与反强暴、勾引与反勾引、去势与反去势等种种遐思。可肯定的是：只要西方男人跨出了他狭隘的文化畛域，意欲去教化、移民或自我改造，这些遐思就会伴随男人自身的西方观念而存在（积极性和侵凌性在西方世界各处连结的深刻程度可证诸于西方的主要民俗心理学——弗洛伊德的心理分析；它正是将积极性和对权势的关注之源头放置在侵凌的本能模式之中的）。

VII

历史中的过去和当下共变，栖息于当下，就是当下……即不是两方世界——一个过往发生诸般情事的世界和一个我们对那些过往事件的当下认知的世界——只有一个世界，它是一个当下经验的世界。

　　　　　　　　——迈克尔·欧克肖特（Michael Oakeshott）①

① 见 Michael Oakeshott 的 *Experience and its Modes* 一书（Cambridge: Cambridge University Press，1966），第 107—108 页。Oakeshott 的古典保守主义当然是完全不能觉察这种旨向的历史，可以被用来扮演各种批评功

　　甘地也间接地对童年与政治屈从两者间的殖民同系逻辑
做出了他的回应：他不但拒斥历史，并且肯定神话的重要性
高于历史纪事。是故，他绕路避开了殖民意识形态意图致使
被主宰社会和"童稚种族们"被迫走上的——单向直线式的
从原始主义到摩登性、从政治不成熟到政治成年的——途
径。① 这是他和殖民的种族主义拮抗的方式；那个种族主义
曾被至少有一个精神病医师诊断为"一种历史的疾患、一种
历史自身的失序"，它"充分地暴露了那个自身的全貌，即
令暴露的是它的种种缺陷"。②

　　[甘地的拒斥成年自身性这个意识形态当然曾经有过它
更直接的面相，但那相较而言不重要。每一个西方人或西化
的印度人只要和甘地接触，无不多次提及他孩子般的笑容。
他的敬慕者和贬损者都不约而同且尽责地，不是发现他的童
稚就是他的无知（childish）。他的"婴儿期"偏执和善好逗

能的。对于这些功能的一种隐然觉知，我们似乎得回到摩登西方的传统
里，像海德格尔（Martin Heidegger）那样的政治上有分裂症的人格中去了。

　　① 我们所知道的心理分析式的民族志，对童稚自身和原始主义间的
这个等式是做出了非常有影响力的支持的。弗洛伊德的一生中，他的不少
追随者，都非常努力埋首于研究各种原始文化，认为它们理应显现童稚自
身的各种特性。

　　② 见 Joel Kovel 的 *White Racism: A Psychohistory* 一书（London: Allen Lane，1970），第 232 页。

弄倾向、他对摩登世界及其扈从们的种种"不成熟"的攻击；他的"少年期"食癖，以及对像纺纱轮的象征性喜好——全都被视为是他排拒的成年自身意念的政治纲领的衬垫。[①] 也有人可以依据布鲁诺·贝特尔海姆（Bruno Bettelheim）的观点来给这些怪癖说项：说它是在压迫下和生存受到威胁时常会发生的向婴儿期的退化。不然，就是像莱昂内尔·特里林（Lionel Trilling）般的观察，认为在印度的理脉下："经历世世代代的宰制足以把人们尊严的风习消解，也教导成年男人去使用小孩子的策略。"[②] 换了个有企图心的心理分析师恐怕不免欲人信服地辩称：甘地式的领导无疑（事后有先见地说）是人们身处之压迫文化的自然衍生物。就目前而言，我却要着墨于故事的另一个地景；一种特殊的政治性向在甘地内里成为了种种社会当下需求与形上层次的排拒间的辐合点。]

甘地对历史的位势（position on history）的认识是基于

---

① 见阿希斯·南地的 "From Outside the Imperium: Gandhi's Cultural Critique of the 'West'" 一文，收入 *Alternatives* 一书，1981 年，7 卷 2 期，第 171—194 页。

② 见 Bruno Bettelheim 的 *Surviving and Other Essays* 一书（New York: Alfred A. Knopf, 1979）；Lionel Trilling 的 "A Passage to India (1943)" 一义，收入由 Malcolm Bradbury 编的 *E. M. Forster: A Passage to India* 一书（London: Macmillan, 1970），第 77—92 页，特别是第 80 页。

三个假设，其中两个源自传统印度对于时间的旨向。① 两者
之首是印度文化给予神话以一种具结构性退思的重要性，神
话——在它的**在地—当下**的动理中——替现了其他文化中称
之为历史之动理的东西。换句话说，历史的种种时序性关系
是映照在各个神话的共时性关系之上。如果我们知道它蜕变
的各种理路的话，它们可以在后者中再生产出来。在甘地心
中，对神话的特定之旨向遂成为了对公共意识的更普同位
向。公共意识不是被当作历史的因果性产物，而是一种透过
种种记忆和反记忆（anti-memories）和历史非关因果性地相
关联的东西。如果对西方而言当下是一个展开中历史的一个
特定案例的话，对于甘地——作为传说中印度历史的一个替
现——它是一个无所不包的永恒当下的一个特殊例子，有待
于人们的解释和重新解释（这点也间接地对付了年纪老迈和
印度文明两者间的衍生性的同系逻辑；但，我现在暂时把它
放在一边）。

　　在西方，即令是针对工业资本主义进行批评的人，对他

---

　　① 　一个对印度时间概念与权威及变迁之间关系的极佳仔细分析，可
参见 Madhav Deshpande 的 "History, Change and Permanence: A Classical
Indian Perspective" 一文，收入由 Gopal Krishna 编的 *Contributions to South
Asian Studies*, *vol. I* 一书（New Delhi: Oxford University Press, 1979），第 1—
28 页。

们而言历史也仍是一个单向直线式的过程；有时暗示着其下有一个循环。譬如说马克思，依循了犹太—基督的世界观，他如此看待历史：

史前史本部	客观的阶段制约性历史	历史的终结
（非历史性的原始共产主义）——〉	（阶级斗争） ——〉	（建立在科学的历史之上，无阶级的成年的共产主义）
	作为假意识（false consciousness）的一部分的假历史（作为意识形态的历史）	

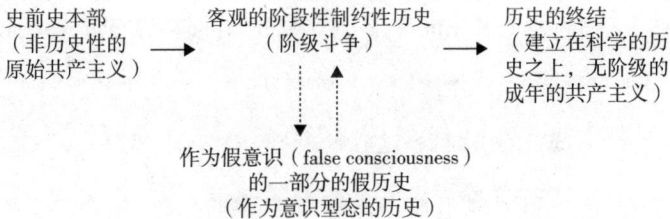

史前史本部　　　　客观的阶段性制约性历史　　　历史的终结
（非历史性的　　→　　（阶级斗争）　　→　　（建立在科学的历
原始共产主义）　　　　　　　　　　　　　　　　史之上，无阶级的
　　　　　　　　　　　　　　　　　　　　　　　成年的共产主义）

作为假意识（false consciousness）
的一部分的假历史
（作为意识型态的历史）

　　相对照的，对甘地而言，历史是一个把过往概念化的社会之产品，那个过往是一种作为再次首肯，或改动当下的可能工具：

作为当下的一个特殊例子的过往	断裂的当下（对峙中的种种过往）	包含了过往的再造当下	新的过往
——〉	——〉	——〉	

　　从这个视点以观，过往可以是一个权威，但这种权威的

性质被视为是变动不居、一种难以名状和可以承受干预而受变的东西。是故米尔恰·伊利亚德（Mircea Eliade）这么说：

> 一个摩登人尽管认为自己是普同的历史进程的产物，他却并不认为有义务去了解历史的全部。而诸古意社会的人（the man of the archaic societies）他们不但有义务要记得神话的历史，更要周期性地**重新**扮演它的很大部分。在这儿我们发现了诸古意社会的人和摩登人最大的不同所在：对后者言，历史的最特殊性质在于事件的不可轮回性；对前者言，那并不是事实……①

艾略特（T. S. Eliot）的《焚毁的诺顿》（*Burnt Norton*）一诗中的一段当然是比较多彩的说法：

> 当下的时间和过往的时间
>
> 或许皆存有在未来的时间之中，
>
> 而未来的时间则包含在过往的时间之内。
>
> 倘所有的时间都是永恒永在
>
> 所有的时间就都是（不）可以挽回的了。

哈贝马斯（Jürgen Habermas）在另一种理解中，他借

---

① 见 Mircea Eliade 的 *Myths Rites Symbols* 一书，与 Wendell C. Beane 和 William G. Doty 合编（New York: Harper Colophon Books, 1976），卷 1，第 5 页。

自心理分析而用了"未来旨向的记忆"一辞来指涉我人借它破除过往对当下钳制力量的方式。[①] 印度文化的一些流派对此则是全无异议的，但他们对这个看法的结果却有不同的型构。一个印度人的过往经常是开放的，而他的未来之所以也是开放的，端系于这个未来之作为重新发现或再次更新的程度。[②] 对弗洛伊德，也对马克思而言，不健康（ill health）是从历史来的，健康不是从现在就是从将来出来。心理分析师则有如马克思派的历史家一样成了一种专门家，他们预期有一种自身的能耐，它足以使人在过往与当下之间致命性脱节的被压制另翼历史中忍从或存活。对印度的民俗"历史家"——比如巴特（bhāṭ）、卡朗（cāraṇ）和卡塔卡（kathākār）——而言，过往与当下之间不存在真正的断裂；如果不健康是从过去而来的，健康也来自过往。"决定性"这个意念可以用到当下也可以用到未来；有如声名不佳的印度宿命论所暗示的一般：在过往之中永远存在种种未定的抉择。

---

① 见哈贝马斯的"Moral Development and Ego Identity"一文，收入 *Communication and the Evolution of Society* 一书，由 Thomas McCarthy 译（London: Heinemann, 1979），第69—94页。

② 有关从心理学角度去探讨此看法的讨论，可见笔者的 *Alternative Sciences: Creativity and Authenticity in Two Indian Scientists* 一书（New Delhi: Allied, 1980）的第一章。

过往作为当下 ⟶ 断裂的当下 ⟶ 再造的过往 ⟶ 新的过去

被决定的将来
（印度宿命论）

另种被决定的将来
（新宿命论）

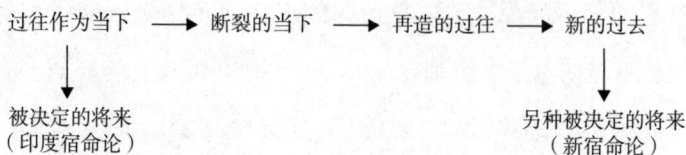

　　尽管这样的位势并未完全否认历史，而事实上，它预示了不少**后甘地**的历史哲学风潮，以及种种将历史视为神话的解释；甘地的位势也确有其反历史的（anti-historical）附带预设：因为种种神话如实地包容历史，它们是当代的且和历史不一样，也能接受干预；神话遂成为了文化的精髓。而历史顶好的话难免是多余的，更糟的话就属纯然的误导。甘地含蓄地认为历史——或史传（itihāsa）——是单行道的行径，一组关于已过时间或 atīt 的神话，它被建构成了局限人们选项及预先缴械人类种种未来可能的独立变数。在另一方面，神话却容许我们在**在地—当下**（here-and-the-now）的层面建构历史的诸般过程。意识地将它们肯定为一个文化的核心，神话遂拓宽了而不是去限制人们种种选择。它们容许人们以一种期许的方式去进行记忆，专注在祛除当下的一些侧面，而不是向过往进行报复。

　　[各种神话之所以拓宽人群的各种选择也因为它抗拒了摩登科学的制式世界观的收编（co-optation）；尽管近年有像列维·施特劳斯（Lévi-Strauss）一班的人试图演示野蛮人

理性的种种企图，野蛮人的心智本身却仍依然故我地全然不在乎它自己的理性。神话的科学和神话的科学地位这两件事仍主要地是摩登（人）的关怀。在这个意义上，同样的，首肯了非历史性（ahistoricity），也就是肯定了各非摩登人群们的自主和尊严。]

尽管如此，同样的逻辑翻转却认为种种神话都可予以分析、溯源或化约成为历史，正如西方社会分析的宰制传统在整个摩登的时代中一再试图的作为一样，历史被当作是实在，而神话则是——为野蛮人及孩童而设的——"潜（非）意识"（unconscious）历史产生的、有缺陷的、非理性的神仙故事。这样一个关于时间概念的核心——它也是在中世纪风习消亡后才首次在西方被产造出来的——包括了：强调种种**原因**而非结构（问"为什么"而不问"是什么"）；强调进步和进化而不是**存有中的自身实现**（self-realization-in-being）；强调透过不断的戏剧化行动来适应历史的现实［或实用理性（pragmatics）］及其变迁的理性（它忽视的是对早先种种解释激进地进行批判的理性，也无视于单靠批判性介入和重新诠释即得以产生改变的理性）。对摩登西方，及受它时间概念所影响的人们，历史本身无非是好行动和坏行动及其源由的年代志，而每一个革命都是一个时间上的断裂，它必须得针对种种**反革命**予以呵护，否则就会被化约为在进向真正革命途移中的一个误会的"来了"。

这第二个旨向的附生预设则认为依据种种神话而生活的那些文化是非历史的；是故，它们是一种幼年的、次等的社会意识的种种替现。而历史性的诸社会才是成熟的人类自身意识的真正代表。因此，这些社会的种种建构对比起非历史社会自身的建构来是更科学地正确的。后者的那些社会则必须照那些世界历史学家们的理解去扮演好他们非历史性的宿命。

上面所述的就是甘地的理论和实践所针对挑战的**成人—孩童**关系型范（paradigm）。[①] 他的做法有两个：重新首肯一种**持继**的言说，以及重新强调一种**自身**的话语。

---

① 在实际操作层面上，甘地把类似原罪的东西引入到印度的童稚自身和孩童抚养的概念中。如果没有这般扭曲印度传统的童稚自身的情况（见 Sudhir Kakar 的 "Childhood in India: Traditional Ideals and Contemporary Reality" 一文，收入 *International Social Science Journal* 一书，1979 年，31 卷 3 期，第 444—456 页），甘地本人是否会将公共领域中的 *seva* 或公共服务之概念，以及介入各种生命情势的想法放在这么中心的位置，应是一个可待商榷的心理学议题；它们在印度的各种高层文化中是不太可见的。甘地的 *seva* 概念基本上是补偿性的；源自他的个人经验，它也部分地背书了他自己种种俄狄浦斯冲突的西方格调之出路。其结果是，甘地将他的政治与社会工作的概念建立在一个非印度的（un-Indian）的概念上——只有通过公共服务的补偿姿势，罪恶深重的童稚自身才能在成人自身里得到救赎。参见 Erikson 的 *Gandhi's Truth* 一书。

　　持继的言说趁势利便地骑乘上摩登意识形态中存在的对断裂的深邃矛盾情绪。摩登性一方面寻求将所有"真实"的创发——包括创造性的社会行动——定位在与过去明确的分离之上。然而，自相矛盾地，它又使尽力气将每一个那样的分殊放在历史上予以定位。好比说，革命的设辞（rhetoric of revolution）不但低估了任何与过往不充分断裂的事物，更正色地瞧不起改良主义，认为它阻碍了革命。在这同时，每一有关革命的摩登历史和每一种革命思潮所效力的恰恰是把"真的"或"假的"革命倒置入历史里面。换句话说，除非能够勾勒出种种曾经或可能引致革命（或解释它历程的）的历史连续性，没有一个对革命的解释或召唤是可以得以完成的。

　　持继的言说也再次认受化（re-legitimized）了印度世界观中对断裂的较低度强调。它认识到：恰如革命的言说在其内部暗藏了持继的信息，持继的言说同样地也蕴含了关于断裂的隐性信息。印度文化对持继予以强调的程度甚至使得跟过往产生过的重大决裂也变得有如过眼云烟般的像是一个个小小的改革，除非等到几十年或几百年后这个断裂的各种涵意才会变得再明显不过。要到了持继和恒常的隐喻再也遮盖不住早已在文化中发生的种种根本变革的时候，人们才憬然醒悟 [**虔诚派**的改革运动（the Bhakti movement）就是描述的这个过程的一个相当好的例子]。由是以观，不管是用持继的设辞（rhetoric）也好，或革命的设辞也好，它终极都变得无关宏旨了。要紧的是对于种种不堪的切身感知仍得到维系，而这些不堪又不是由矫揉造作的精致知识所包裹，或将它拿来物化、祠为神圣的。

简要地说，重新首肯自身的话语可是一种其来有自的辩证的一个部分；摩登的世界观挑战了传统的信仰，后者认为较高的自我实现引致对**非自身**（not-self）较大的认识——包括物质世界在内。摩登性包括的则是相信人类对"客观的"非自身有较多了解或控制——包括对自身中的非自身 [如以得（id）、大脑运作、社会的或生物的历史] ——他们便愈能控制和了解**自身** [包括自我（ego）、践行（praxis）、意识]。一个非摩登的人会刚刚相反地辩称（如果用弗洛伊德派或马克思派的种种范畴来讲）：他会说，一个人愈多了解自己的自我或自己的践行，他才能更了解以得（id）的普同性主要过程，或历史的普同辩证。可能的情况也许是：非摩登的诸文明已经相当程度地穷尽了自身实现所被赋予的（种种批判或创发可能的）首要性；这时摩登性却开始强调另一边的故事。但是，在摩登性转而对这个老故事的停滞一再矫枉过正的时候，批判的传承主义者（critical traditionalists）如梭罗（Thoreau）、托尔斯泰（Tolstoy）和甘地等人反倒开始重新强调了，透过自身控制和自身实现来寻求了解与改变这世界的那种世界观。

甘地之所以能从历史的宿命论中破茧而出，恰恰是因为他自己是这两套言语的组合物。他的一个被解放了的印度的概念；他对种种族群、种性和宗教冲突的解决方案；他的人类尊严的认识在在都惊人地不受任何历史制约的束缚。不管它们有多少其他的错处，它们在当下把选择自己将来的各种选项还给了每个社会——不必有英雄，无须重头大戏，也不须要不停地寻觅原创性或断裂的变异，或者终极的胜出。他们是印度意义的历史学家："他们把管辖权加到事实上，不是向它投降。"① 如果过往捆绑不了社会意识，而未来又从在地开始，当下就是"历史的"瞬间，也是恒久却变动不居的危机点及进行抉择的时刻。人们当然可以管它叫做是一种持续革命概念的东方版本，不然也可将它视为是某些亚洲传承中没有时间的时间这神秘意念的应用性开出。

基于这些，甘地总结了他对殖民意识的批判，继而转向针对殖民主义的种种组织性侧面开展抗争。这第二仗已经不是我们的注意所在了。

---

① 见 Ellmann 的 "The Critic as Artist as Wilde" 一文，第 30 页。

VIII

我开宗明义地提出殖民主义之为物，首要是关于意识方面的情事，它最终也必须回到人们的心智中才能被击败。在文章中我试图指出两个首要的心理范畴或分层原则，这些原则来自于生物性的差异，它们为不列颠统治下的印度的殖民主义意识形态提供了结构。我也演示了这些原则如何把殖民文化和受治社群加以连结，如何确保殖民主义之存活在人们的心智当中。我希望我也说明了解放必须始自于受殖民者，而终于殖民者。有如甘地以他的生命那么清明戮力地主张那样：自由是不可分割的。这个主张不但如一般意义的认识到全世界的受压迫者都是一样的，它更并不从众地意味着：就算是施压者本身也深切地身陷在压迫的文化之中。

还有一个问题未曾回答：在审视印度的不列颠殖民主义心智图像的某些部分时，我是在时间中进行了回溯。这个时光的旅程是遵照了历史的规律，还是一种神话性的东西呢？甘地真的如我所叙述的那样建构了人类的本真和社会吗？我的版本是否是如心理分析家喜欢称它的——是属第二次的阐说（secondary elaboration）的东西呢？我是否也采用了印度传统对文本和人物的评注方式，而将一个新的结构强加到一个人的身上呢？也许这个提问并不相干，有如甘地他毫不费力地向我们演示：对那些寻求解放的人而言，历史有的时候是可以被造成是跟随了各种神话而来到的。

第二篇　从殖民中解放的心智
　　　　——对印度和西方的破殖民看法

I

吉卜林以为自己知道在不列颠帝国和被统治的印度（subject India）这个大断裂两边，他自己站在什么地方。他确信受到不列颠的统治是印度的权利；统治印度则是不列颠的责任。作为一个在自己身上对这两种文化都知悉的人，他同时也肯定他自己有责任去定义这种权利和这种责任。但，这是故事的全部了吗？不然的话，这是不是吉卜林童年在印度岁月即开始的那个故事的最后一行呢？

安格斯·威尔逊（Angus Wilson）为吉卜林写的传记，开宗明义就说："吉卜林这个人终其一生对儿童和他们的种种想往（imaginings）都敬畏和膜拜。"[①] 吉卜林的早年岁月

[①] 见 *The Strange Ride of Rudyard Kipling* 一书（New York: Viking, 1977），第 1 页。

也为他所敬畏膜拜的童稚自身（childhood）提供了线索。他不但是在印度出生，更在印度的一个印度人的环境中接受印度仆人们的教养。他那时用兴都斯坦语（Hindustani）思考、感觉和做梦，主要是和印度人沟通，甚至看起来也像个印度的小男孩。① 因为他的年龄"未到卡斯特（caste）的年岁"，所以可以常去兴都寺庙。有一次他和父母去农庄探访，他牵着一个农夫的手走开去，并用兴都语对他妈妈说："再见，这是我的哥哥。"

少年的吉卜林深为印度的浪漫、多彩和神秘所动，这个国家成为了他生动、真切、童稚、自身意念的永恒部分，和他"无忧逸悦的年岁"及私己的"失陷前的伊甸园"连结在一起。② 将这些记忆说成是他成年自身的核心部分似乎是太心理学了些，但确实没有一个英吉利的非印度作家有像吉卜林那般——对印度的言说、动植物相，以及住在六十万村庄中的印度人们——有那么深切的感受性。印度的农民也始终

---

① 见 Edmund Wilson 的 "The Kipling that Nobody Read" 一文，收入由 Andrew Rutherford 编的 *Kipling's Mind and Art: Selected Critical Essays* 一书（Standford, California: Stanford University Press, 1964），第17—69页，详见第18页。

② 见 Edmund Wilson 的 "The Kipling that Nobody Read" 一文和 Angus Wilson 的 *The Strange Ride* 一书，第3页。

是他有生之年最挚爱的孩子们。①

和他与印度事物亲悉产生强烈对照的是，吉卜林和他维多利亚王朝双亲的关系却是似近实远的，他通常只有在由仆人们带着正式求见——常是仪式性的——时才和他们产生互动。他在自传中说：当他和其双亲讲话时，他"吞吞吐吐地把用土俗词语所想所梦的翻译出来"。② 外表上，他对双亲，特别是母亲，有极大的爱慕、尊崇和感激。然而，至少有一位传记作者指出：在吉卜林写的故事和诗作中"高崇的、几乎宗教性的"母亲在儿子生活中的地位，与他自己跟自己母亲的关系上是存在着落差的。③ 妈妈艾丽斯·吉卜林（Alice Kipling）本人显然不是一个鼓励表达情绪的女人。

其实，恰恰是由于吉卜林的双亲，他被暴露在他生命中最痛苦的经验里。在孟买过了田园诗般的六年后，他和姐姐被送到英格兰的绍斯西（Southsea），交给罗沙·何露威阿姨接受教育和"教养"。何露威（Rosa Holloway）出身在一个没落的英吉利家庭，和她从陆军退伍的军官丈夫一同开寄宿学舍。事情表面上好像进行得风平浪静，一些访客觉得何

---

① 见 Angus Wilson 的 *The Strange Ride* 一书，第 4 页。

② 见 *Something of Myself, For My Friends, Known and Unkown* 一书（New York: Doubleda and Doran，1937），第 5 页。

③ 见 Angus Wilson 的 *The Strange Ride* 一书，第 11 页。

露威太太是对吉卜林有爱心的监护人，也和他的姐姐相处得好。但在吉卜林百年之后，他在绍斯西那些年实属酷刑的事终于曝露了出来。他身后见世的自传中描述的何露威寄宿学舍是一个"愁惨之家"：它掩藏着无数的束缚、欺凌、惩处和某种虐待狂。那些胡作非为的人除了何露威太太，还包括她的儿子。

对一个在与自然亲近、自由自在却受呵护，身边都是仁慈、温暖、非家长式人物环境中长大的人来说，这一切无可讳言代表的是一个孤寂、可怨的世界。

在另一方面，对何露威太太而言，吉卜林是个陌生人。在维多利亚时代，加上卡尔文教派认为童年（childhood）是易入罪恶而须矫正的这个观念的宰制下，她必然会觉得这个顽固、不乖顺又不受约束的小孩，是被极度宠坏且不可救药的堕落分子。此外，说不定还加上一种妒恨的因素。有不只一个传记作者提到何露威太太及她那个凌虐人的儿子很可能感觉到这个傲慢娇养的小家伙，过去一定是活在一个他们贫乏视野所可及之外的另一个世界之中的。①

对少年吉卜林，他在绍斯西的受虐所意味的是双亲严重的背信；引用埃德蒙·威尔逊（Edmund Wilson）在二十世纪

---

① **Angus Wilson** 的 *The Strange Ride* 一书，第 32 页。

四十年代引用的吉卜林的姐姐的一段引起世人注意的话为证：

> 回头看，我想我们早年岁月的真正悲剧——除了阿姨的坏脾气和对弟弟的不好之外——源自于我们不能了解何以我们的爸妈抛弃了我们。我们毫无准备，也没有得到解释，它像是一个双重的幻灭，或更甚的，有如冲刷尽所有快乐与熟悉事物的一次大山崩……我们觉得被遗弃了；如我们常说的："几乎被摔到了门阶上"……没有法子挣脱。①

有人主张在那个时代，这种放逐到英格兰的事是正常的，其用意也必然是良好的。英裔印人（Anglo-Indian）的双亲们都害怕众多的仆佣会宠坏了他们的小孩，他们不是引导他们到异教，就是鼓励他们在性事上早熟。加上爱丽斯·吉卜林的第三胎夭折了，她当然会为她幸存的孩子们感到焦虑。但是，我要指出的不是吉卜林对双亲的感觉到底恰不恰当，重要的是他是否真的心中深怀这种情愫。他的姐姐是唯一知悉的人，在这方面她的证据是有权威性的。此外，更严重的证明是：吉卜林终于在绍斯西得了"严重的神经崩溃"（severe nervous breakdown），加上更可怕的局部性视盲

---

① 见 "Some Childhood Memories of Rudyard Kipling" 一文，收入 *Chambers Journal* 一书，Eighth Series，VIII，1939 年，第 171 页，转引自 Edmund Wilson 的 "The Kipling that Nobody Read" 一文，第 20 页。

还有各种幻觉。[1]

最后,吉卜林被带离了绍斯西,转学到一个专收准备将来去当海军的军人子弟公立学校。这所学校注重的是军旅及雄迈方面的各种**美德**,被粗暴对待是家常便饭,在体育上的文化迫力更大得不得了。然而,吉卜林是个不好动、倾向文艺且痛恨运动的小孩,一方面因为他的视力甚弱,另一方面他已经打定主意一生要过一种智性的生活了。此外,他的外貌看起来不像高加索白人——至少,一些印度人观察到他的肤色,认为它不能说只是由印度的日晒造成的。这个结果当然尤其凄惨。如果说他的父母向他透露了英吉利式慈爱的一面,何露威太太则显示了英吉利式威权的另一面相;作为一个"纤弱"、貌似外国人的学子所受到的凌虐和排斥,当然也令他对生产殖民地统治精英的英吉利次文化产生了相当不一样的看法。

简单说,在溺爱他的印度仆人们簇拥下长大——他们"污染"了吉卜林自身的维多利亚家世(尽管他家人不是卡尔文信徒也不上教堂)——少年吉卜林在英格兰得到的是一个甚为惨痛的经验。尽管他觉得这种文化是可以仰慕的——

---

[1] 见 Edmund Wilson 的 "The Kipling that Nobody Read" 一文,第20 页。

这种仰羡也就是他被社会化的产物——但对它却是无法爱戴的。他在英格兰始终是一个醒人眼目的双文化（bicultural）的大爷（sahib）（印度人对上层欧洲人或有地位者的尊称）。和它相对应的则是，他日后卑视的双文化**英化印人**（babu，印度人对印度英化士绅的称谓）。

有不少人会察觉到这种边缘性必然有它之所以产生的社会尴尬性，这不但使得吉卜林从英格兰的英吉利社会疏离，也和印度社会远离。他后来的写作在在反映了这种距隔，他也从来未能像写印度般那么贴切地去写英格兰。①

尽管如此，吉卜林在英吉利受压迫的那些岁月却不可避免地知会了他英格兰不是他的真正自身这个信息；针对这信息他得要否定他的印度性，也得学会不认同于种种受害者。同时，他在英格兰习知的受害自身（victimhood）则必须透过认同于侵凌者——特别是效忠于侵略者们的种种价值——而得以回避，甚至于对它歌颂。

吉卜林他自己是纤弱、体衰、反叛、个人主义的，他甚至不能在工作与有效用的活动中见到生命的意义（他在绍斯西就学时搞不清楚数字，到六岁才开始认字），这一些特性

_____

① 详见 K. Bhaskara Rao 的 *Rudyard Kipling's Indiu* 一书（Norman: University of Oklahama，1967），第23—24页。

恰恰是他后来极力抨击西化的印度人，认为是他们过失的地方。近乎自贬身价地，他理想化了可以将集体加以凝聚的那些伦常，它们的聚合要求及规约。他从来未曾猜到西化的印度人和印度化的西方人之间的距离仅一步之遥，他也从未意识到他谴责的、在亲印知识分子和反殖民自由派分子中的种种边缘性，恰恰都存在于他自己身上。

这两个吉卜林之间有什么样的连结呢？在一个向西方文明效忠的英雄和一个内心痛恨西方的印度化西方人之间；在一个媒介不同文化的英雄和一个既蔑视文化混杂又对自己内里暧昧的自身感深感痛惜的反英雄，这两者间又有什么关联呢？

那就是盲目暴力和一种报复的饥渴。只要是相对性的暴力（counter-violence），吉卜林是随时准备合理化暴力的。埃德蒙·威尔逊有点冒犯地指出：吉卜林的著作令人吃惊地见不到任何对权威的真切抵抗，也少有任何对种种受害者的同情。①事实却不只如此。吉卜林把受害者分辨为两种类型：一种是善战的、以牙还牙的、还以颜色的受害者；另一种则是被动—侵凌性的（passive-aggressive）、纤弱的，他们用不合作、自缩、不负责任、开小差的方式抵抗，他们是不直接

_____

① 见 Edmund Wilson 的 "The Kipling that Nobody Read" 一文。

面对斗争的受害者。前者是吉卜林希冀于自己的"理想受害者"，后者则是少年吉卜林所经历的、自恨不已的那个受害者。如果说他对世上的种种受害者没有温情的话，那他对他自己一部分的自身也是缺乏温情的。

但是，即令在这方面，吉卜林的文学感性也使得他没有全然地失智，他当然知道真正的差别不在于暴力和非暴力，而在于两种不同的暴力。第一种是直接、公开、染上了认受性及权威性的暴力；它是有自信的文化群体，用其种种绝对优势面对各种情势的暴力；第二种则是恒然处于绝对劣境的弱势者与被宰制者的暴力。在这第二种暴力当中掺杂了点点滴滴的缺乏针对性愤怒、绝望、认命，更加上——有如被这世界的胜出者或主宰者们所指责的——一种怯懦。这种暴力常常不是针对真实世界而进行的介入，而是一种遐想——一种对第一种暴力的反应，既不是造成那种暴力的缘因，也不是对它的认正（justification）。

在吉卜林的一生中，第一种暴力恰好是印度的不列颠统治者们的专属特权；后者则完全归于印度人所有。吉卜林无误地意识到：歌颂得胜者的暴力正是社会进化之教条与终极殖民主义的根基所在。一个人如果没有弃绝殖民主义作为进步手段的那种想法，他是不会放弃暴力的。

这种道德上的盲目却令人必须付出非同小可的代价。

吉卜林生命的最醒目意象就是他那种对自己内省的极力拒斥——一种侵略性的"反内观"势力逼得他回避所有深邃的冲突，使得他不能把属于全人类的问题从族群的刻板印象中分辨出来。惊人地外向的，他的著作强调了各式各样的集体性，认为种族的和血源的黏合性比各种个人与个人间的关联重要得多；似乎成为了这些作品的作者，他就有希望能透过对帝国权威提供的效命与事功——以及透过外向的文化寻根——把绍斯西岁月以来一直缠着他的手足无措和经常侵扰他的忧郁彻底驱除掉。他的一生直到死亡都不断地和他的另一个自身——软弱却更有创发也更快乐的那个自身——抗争；他也不间断地在与那个自身相结合的不确定性和自恨中挣扎。

在这同时，他愿意尊敬的印度人变得只剩下那些和印度过往的勇武史实及各种相关次文化相关联——那些看来可以和酒神式的（Dionysian）及一干酒神式的西方从者们相匹敌——的那些人了。或许，在另一个层面上，像其后的尼拉德·乔杜里（Nirad C. Chaudhuri）和维·苏·奈保尔（V. S. Naipaul）一样，吉卜林也是一辈子在寻觅着一个身具刚强雄性的印度，那个印度是可以跟羞辱、否定并蔑视它真切自身的那个西方平起平坐的竞争者或对手。

不少论者提到吉卜林的两个不同发声。其中有一种说法拿它们与萨克斯风（saxophone）和双簧管（oboe）相对比。

萨克斯风可以说是吉卜林的雄迈、暴力、自尊尚德的那个自身，它否定不抵抗主义、歌颂军旅，常常受到失意的打击，着迷于荒诞不经和悚人毛骨的事物，活在不断的疯狂与死亡的恐惧之中；双簧管则是吉卜林的印度性及他对印度心智与文化的敬畏，是使他眩惑的印度的多样性和复杂性，她的歧异性和种种"远古秘传"的东西，她对机械化工作和男人的对抗，还有她的雌雄同体性。

相反辞的两边，一边是雄迈的硬朗和帝国式的承担；另一边则是雌性的优柔加上跨文化的同理。

尽管萨克斯风胜出，但是双簧管却仍在吉卜林的听觉所及之外演奏；它试图在被指认为他者的懦弱中存活一个被掩盖的受了委屈的文明中的旋律。

II

这个长长的故事告诉了我们有关这个人的世界里的一些事情：这些事情关乎一个构建、经营并认受化（legitimized）帝国的一个人；关乎受暴的经验本身变成了一种对暴力的终生畏惧和崇敬；关乎借创立外向暴力的种种理论试图为私己的苦难给予意义的一个企图。

把这些倒转过来，在所有认同侵凌者及颂赞权威的企图下面，难免存在着一种"与自身为敌"的情事：这个案例触及的防御机制正碰触到了自身摧毁的种种终极边际。这些过程也为种种政体和文化的宿命提供了攸关生死的重大线索。

尽管如此，目前我聚焦在吉卜林个人生命的一个两难困境，这个困境和所有殖民地意识形态有其共通之处，对大多数的破殖民（post-colonial）自觉性，也是如此。这个困境之所以重要，因为当人们争相讨论殖民主义在经济、政治与伦理方面的种种后果的时候，殖民主义在人们情绪和觉知方面所需索的代价却受到了忽略。正如弗洛伊德在二十世纪提醒我们的：我们选择要遗忘的东西有一种倾向会转回过头，在"历史"中反噬过来。

吉卜林的困境可以简单地说：他不能同时是西方的和印度的；他只能**不是**西方的，**就是**印度的。要求把他的自身毁灭性和他生命的悲剧给联系起来的，正是这种被强加的选择：吉卜林所首肯的种种价值是西方的，他所拒斥的那个不够社会化的自身却是印度的，他被迫不得不在两者中做一个选择。如果事情颠倒过来，他可能可以做到成为一个棕色皮肤的大爷或者一个英化印人，如此的话，他最起码可以承认他双重文化的自身，而且能——不管多粗糙地——去和解自己身上的东方和西方。

西方—东方这个明显的琐末和假设性的差异是了解下列方式的第一个线索，我们可以据以去寻绎殖民主义以何种方式去收编西方意识，如何使它和殖民主义的种种需要相合流，如何剥夺掉每一个选择成为殖民机器一部分的白种人的完整性，又如何为他换上一个——在文化上故步自封却在地理上无远弗届的——新的自身定义。

回溯来看，殖民主义毕竟有过它的胜利。它确实曾经把西方男人变成绝对的非东方，同时授予他们以一个基本上是与殖民主义的种种需要相对应的世界观与自身形象。他之不能不是非东方，因为他别无选择，他也不能不继续把那个东方当作自己的负面名分（identity）来研究、解释和了解。[1]萨义德（Edward Said）精妙地描绘了东方（Orient）的"发现"[2]，为的乃在于祛除另外一个东方——一个曾经是作为原初形貌，以及一种潜在性的中古欧洲意识的那一部分的东方。这另一个东方有时甚至也被当成是敌人，但它却——即令是心不甘情不愿地——是受到尊崇的。它不但被视为一个另翼世界观的惯域（habitat），也是对于西方的知识的一个

---

[1]　这个负面名分的概念，是取自于 Erik Erikson。详见他的 *Young Man Luther* 一书（New York: Norton，1958）。

[2]　见萨义德的 *Orientalism* 一书（London: Routledge and Kegan Paul，1978）。

另类源头。好比说，伏尔泰（Voltaire）的中国并不是当代人类学家的东方，它是这个人文主义者的西方的另一个分身。中古时代的中东也曾是许多欧洲人前去学习亚里士多德的地方。即令是在不列颠印度的第一代殖民者当中——在那些大帝国的真正建构者成员中——也有像沃伦·黑斯廷斯（Warren Hastings）这样的人，他感到他们可从他们统治的这个文明中学到的远多于他们能教授的。

这么一个另外的东方，一个西方的（Occident's）替身（double），是不符帝国主义之所用的。它身载了对另翼出路的、世界主义的、多元文化生活的种种提示——把安格斯·威尔逊（Angus Wilson）的话换了一个语境来说——它是远远超出了吉卜林和他那一辈的英吉利的沉闷中产阶级的视界水平的。但是，这些人却强迫自己以及每个双重文化的西方人去做出同样的选择。

另一方面，殖民主义又试图将印度意识排挤掉，转而树立一个和西方相反的——却基本上始终由西方人建构的——印度人自身形象，将它取而代之。如果说殖民经验把主流的西方意识编造成为截然的非东方式（non-oriental），并把西方的自我形象定义为东方的反命题（antithesis）或它的否定，上面这个操作则试图将东方的自我形象和印度的文化倒转过来。殖民主义把高深莫测的东方这个一般种族自我中心的刻板印象加以置换，把它变成了怪异、原始却可以预期的病变的一种刻板印象——既富宗教性，又迷信，聪慧却狡猾，杂乱地狂暴又纤弱地胆小。在这同时，殖民主义也创造了一个论诘的领域；在那领域中逾违（transgressing）上面种种刻板印象的标准操作就是再把它们颠倒过来——说它是迷信但超俗、失教却聪明、女性化而平和——依此类推。如果不挪用殖民受害者们的抗拒话语来把它"普同化"，或在它的族群刻板印象上加料，殖民主义是不能大功告成的。这就是为什么殖民主义受害者们的呐喊，最终都成为被另一种语言听到的呐喊——对殖民者和殖民者产造并豢养的反殖运动而言，它们却都是闻所未闻的。为了同样的理由，接下来的分析语言——尽管收纳了摩登世界的话语——得维持在那语言之外来寻求对后殖民时期印度的殖民遗承加以理解。下文中把过去式改成现在式，把现在式改成过去式，也是同样努力的一部分。

印度不是非西方，它是印度。它立身在小部分曾经暴露在殖民主义的全盘攻势之下，却迄今犹处身在殖民记忆的传人之外。一般印度人没有理由把自己看成是西方人的对手或其反命题。要他们全然地非西方，这个强加的负荷只能限制了他——每日生活中的印度人——的文化自身。同样的，要他们成为绝对的西方之陈旧担负——曾经一度也迄今尚然地——则局限了他及他的社会对将来进行选择的各种可能性。这种新的负担迫使他只能强调自己文化中那些在西方世界里已经限缩了的部分；它也淡化了那些他的文化中与西方共有的部分，或者西方始终无法加以定义的部分。要将印度当作西方之对应品这个压力，扭曲了印度对人和世界的整体观中的传统优先级，也摧毁了他的文化中独有的完形（*gestalt*）。它，事实上使得这个人更无转圜余地地和西方缠在了一块儿。①

在这个侧面上，印度国族主义的许多版本和吉卜林的世界观可说是若合符节的。它们两方面共有了中观学派（Mādhyamikā）所指认的那种把不同文化间相对差异绝对化的倾向。② 双方都试图竖立大写的东方和大写的西方，并将他们作为两个既自然又永恒的对极地标。二者同样溯其根源于——不但设法去定义"真正的"西方，也界定"真正的"东方的——后启蒙欧洲的文化性傲慢当中。两边同样地产造了一干社会评论家，他们都天真地相信：东／西分殊所产生的文化贫困有害东方之处甚于西方。

然而，如果有那么一个他者的印度，也就有那么一个他

---

① 我不需要在这儿关注到有关逻辑和道德的花招：它们把拒斥成为非西方等同于属于西方的东西。

② 见 K. Venkata Ramanan 的 *Nāgārjuna's Philosophy, As Presented in the Mahā-Prajñāpāramitā Śāstra* 一书（Delhi: Motilal Banarsidass, 1978）。

者的西方。如果前者是已经被遗忘了的大多数人；后者则早已——对全球而言乃是更悲剧性地——是被不记得了的少数人了。如果前者是**从来未被彻底打败的**东方；后者——最起码在这个世纪里——就是已经被彻头彻尾臣服了的西方。那个以西方的一种**密传品**（esoterica）的样式苟延残喘的西方或者可能——也仅仅是可能——存活在非西方的各个角落中。据传马尔科姆·马格里奇（Malcolm Muggeridge）曾经以同样的激愤和嘲讽这么说："印度人是唯一存活的英吉利佬（Englishmen）"。这句话可以解读作是他情不自禁地认识到印度社会保存了——西方本身已然丧失殆尽了的——西方交托予她的许多西方侧面。

话虽如此，且让我们暂时把西方这个问题搁置下来；专注在既非前摩登，也不反摩登，却只是与摩登无涉（non-modern）的那另一个印度和印度人的困境上。那是一个在西方杀戮后幸存的印度，它和印度的摩登化主义者——他们跟殖民侵略者认同的企图在印度次大陆产造了西方（男）人的各式各样的可怜翻版品——同在一起并存，但这个印度拒斥了印度国族主义者们（在反抗、钦羡、妒恨、畏惧及反挫恐惧中）无可救药地缠身在西方中的绝大多数说辞与看法。这么一个另一种印度好像是认识到：在文化上要选择的不是在东方和西方之间，也不在南方和北方之间。选择，甚至战斗当然是要做的，但它是在西方**内部**的和印度**内部**的日神式（Apollonian）与酒神式（Dionysian）践行之间。①

有如这个世纪——仗恃了它把理想世界翻译成为现实的能耐——所显示的：如果这么一个区分不存在于一个压迫的文化中，受压迫的受害者为维持他们的神智和人性似乎也要假设它的存在。有人告诉我说托马斯·曼（Thomas Mann）在纳粹的经验后认定德国只有一个，不是两个。尽管是像托马斯·曼的那些人会担承德国的一体性，对德国的诸多受害者而言，在一些层面上不得不有两个德国，只是它们是被一个单一的认知与伦理论诸权宜地连结起来罢了。

在当代西方，日神式与酒神式的战斗只极边缘地牵涉到东方——至于它是否应该涉及东方当然完全是另一个问题；但在东方，这个战斗却**是**牵涉到西方的。印度文化的主流确实隐然地认识到——就其中心题旨而言——它们并不把西方当作一个外在的施为者来适应，或就它的势力或和世界观予以对抗。之所以如此——尽管充斥了种种武勇种族及可耻的或高贵的野蛮人的那些理论——西方没有可能包容着印度，

---

① 一直以来，我都被培养成为一个社会科学家，直至最近，我方才知道这两个词里含有很多不同的意义。在我的想法里，Ruth Benedict 在 *Patterns of Culture* 一书（Boston: Houghton Mifflin, 1934）里有给予它们的各种意义。

印度反倒是包容着西方的。马哈德万（T. K. Mahadevan）所援引甘地的一段**异言**，戏剧化了这个尴尬：

> 对一个在任何方面有任何值得一提之成就的印度人，他的成就无一不直接间接地是西方教育的成果。在这同时，不管他有什么有益于人民大众的反应，那就得取决于他所身负东方文化的程度了。[①]

对西方绝对的拒斥也是对印度诸传统基本型构的拒斥；然而，有如悖论地，接受那个型构则可能包含了一种对西方排拒有保留的。

这是非摩登印度伦理普同主义的隐然侧面，这个普同主义把殖民主义带来的无数受害经验一并纳入思考，且在它的上面建立一个更成熟、更当代、更具自我批判性的印度传承。这个普同主义将西化了的印度视为一个附属的传统——这个次传统尽管有它的病变和它悲欢俱在的内核，它毕竟是那一度破门而入的另一个文化之"经过了消化"的形式。印度曾试图在它自己的文化畛域中捕捉西方的各种落差，这么做也不光是基于认为西方是政治闯入或文化次劣一类的观点；这是因为，在印度的理脉中——尽管不是至极重大——

---

① 见 T. K. Mahadevan 的 *Dvija* 一书（New Delhi: Affiliated East-West Press, 1977），第118—119页。

它本身是有其重要性及一定意义的一个次文化。这就是我讲到吉卜林时提到的，当他要做个西方人时他就不能既西方又印度；而日常生活中的印度人，尽管他们一直在印度，则既是印度的，又是西方的。

如果西方和印度永远在印度碰不上头［如吉卜林和爱德华·摩根·福斯特（E. M. Forster）曾主张的］，它的理由是：西方的内在性存在于印度生活不同的层次和领域上。[①] 熟稔程度也是可以产生距离的，如果社会上大多数人在最深邃的意识层面避去了处理西方这个问题；如果前此已存在的一个西方，或在印度宇宙观中早已有一个具特定尺度的西方，那么就没有理由把西方人看成为全然的闯入者——或者说，举足轻重的闯入者。我们也没有任何理由把西方和东方的文化冲突当作是印度人生活中的中心冲突。毋可讳言，在这过程中印度社会里曾曝露出的一些特定的部类，它们认为自己得好自为之地克服他们对无根或受到围限的种种恐惧——如V.G·基尔南（V. G. Kiernan）所说的"尴尬地吊悬在两个世界当中"。同样真实地，印度社会中大部分人对东方—西方

---

① E. M. Forster 在 *A Passage to India* 一书（London: Arnold, 1967）里大胆提出以殖民文化来对这个分离做一种解释；那样式可以说是法农在 *The Wretched of the Earth* 一书（由 Constance Farrington 译，Harmondsworth: Penguin, 1967）里所论述的东西的一个删节版。

这个问题的低度关注，却反而使得这些曝出的部类对印度和非印度间的各种不同之处——那个"我们"和"他们"——加倍地忧心在意，也迫使了他们跟他们的种种自恨和无力进行不断的追击战。

然而，即令是这些曝出的印度人——经过四百年曝受在西方之下——在面对西方时也未全然丧失他们的自信；尽管他们内心认为他们与西方不合，心生激越，他们仍然能够就他们自己特定的目的来利用西方。就算是那些诡计多端的英化印人（babus）——吉卜林视之为恶心的人物——他们也知道怎么去利用白种人，他们对西方毕竟也自有一套自己的理述。

直到最近几年，我们才得以充分把握这方面的全般意涵。我发现邓肯·德瑞特（J. Duncan M. Derrett）在 1979 年这么说：

> 一般人假设，而本文的作者也跟比他年长及比他优秀的人们一同假定：印度人像学会英文一般地学会了英吉利的种种行止及价值；是故，作为即将变成为鹦鹉的种属"他们安身立命得好得惊人……"带着受创的惊愕，他们见到职志与表现之间的冲突。印度人几乎全面地受到西方种种文艺与科学的训练，

却在任何危机的时刻采取了不可救药的东方人般的回应。在面对新的困难时，他们缺乏自信且一而再、再而三地强化这种感觉：他们病态地欲求外来的指教（一旦为它付了代价后却将之束诸于高阁）；他们"照本宣科"地如一个走钢索的人，为了走索而走索；不然就是像个梦游者，极力避免致命的意外却不知其所以然……到了极其晚近的时日，本作者才醒觉到他相信的事实：质言之，印度传统从头到尾都在"掌控"；而英吉利的种种意念和行事方式（就如英文一样）都是被印度人为他们的种种目的所用。是故，就事论事，不列颠的一切都是被操弄了，不列颠人才是傻乎乎的梦游客。我的印度弟兄不是棕色的英吉利佬；他们是学会在我的休憩室来去自如的印度人，他会继续在其中游走，只要觉得舒适和适其所图的话。如果他接受我的想法，他之所以如此纯粹是因为那对他自己是适合的，他们也只有当那一切还适其所用时才会保持它们。①

德瑞特（Derrett）可以进一步讲："就**正觉**（*dharmāṇām*

---

① 见 J. Duncan M. Derrett 的 "Tradition and Law in India" 一文，收入由 R. J. Moore 编的 *Tradition and Politics in South Asia* 一书（New Delhi: Vikas，1979），第 32—59 页，特别是第 34—35 页。

bhūtapratyavekṣā）而言，显示出来的不仅是明定了的明确的东西，其中也包括了非明确的与非制约的东西。"① 有如所有的潜修的东方人，即令印度人看来是完全受到控制，他们仍维持了一些非确定性和自由。至于英化印人传说的承载者——棕色皮肤的大爷们（brown sahibs）下层中的最低阶者——这些吉卜林明显痛恨的人物，他们会不会就下面这种事感到骄傲就是另外一回事了：在他们有种可以成为半个吉卜林时，吉卜林却绝对不敢变成半个英化印人！

那么被称为勇武的印度人——吉卜林的最正宗的印度人——这个次级范畴又是怎么回事呢？还有，吉卜林的如假包换的帝国统治者——那些身负教化职志与恐惧的（生怕自己只要一不小心就会再退化到他上天神授的，要他去统治的那些人的野蛮性中），且不堪负荷的白种人又如何了呢？本土的种种意构（constructions）也包括他们吗？不然，他们只是被视为是怪异的、原型的、命中注定的诸神的反对者吗？显而易见，在印度存活的诸传承之中确然存有了摩登西方的酒神式的侧面；作为可指认的印度次传统，也作为妖魔化的自身或者阿修罗原质（asura prakṛti）：

我要这个，今天就得着。我要那个，明天就会

————————————

① 见 Venkata Ramanan 的 *Nāgārjuna's Philosophy* 一书，第 39 页。

得到。

　　　　所有的财富现在都是我的；很快我会得到更多。

　　　　我杀了这个敌人，我会杀掉其他的。

　　　　我是人类的统治者。我享用世上的事物。

　　　　我是成功、强壮和快乐的；

　　　　我这么富有又出身高贵；谁能与我匹敌？①

　　Asuratva 通常是对印度社会诸般德性的否定，但它有时也可被视为是刹帝利自身（Kṣatriyahood）的病理学。它恰是走火入魔的刹帝利自身。② 说不定就是在这个框架下面，吉卜林装配了他的帝国意识——包括在地意识形态下的勇武种族之不列颠式意构。

　　吉卜林——并非碍于情势地——有意识地做了选择，他窄隘地认为刹帝利特性才是真正的印度质地；在这点上他和殖民主义的世界观是背道而驰的。他看不到传统印度宇宙观中给予刹帝利自身的角色予以极大的限制；他也看不到在一

──────────

　　① 见 *Gītā* 一书，第16章，Ślokas 此标题下的十三至十五行。这个翻译出自 *Bhagavad- Gītā* 一书，由 Swami Prabhavananda 和 Christopher Isherwood 译（Madras: Sri Ramakrishna Math，1974），第240页。

　　② Richard Lannoy 在 *The Speaking Tree: A Study of Indian Culture and Society* 一书（London: Oxford University Press，1975），第256页里曾提到"从传统社会的观点来看，西方化是刹帝利化（Kshatryaization）的一项延伸"，他仿佛认识到这个动理的某些部分。

种用暴力—反暴力的、由男性自身（manhood）与性能最大化（maximized potency）相组配的、依仗把文明以高低为判的、对权势予以首肯，却认弱者为活该的那种殖民文化中，那一干要否定那些限制的既得利益所在。吉卜林心知肚明地知道印度文化中给予勇武和非勇武的判准是不同的，但他要求自己把它忘掉。

III

彻底的自然主义或人道主义，既不同于唯心主义，也不同于唯物主义，同时又是把这二者结合起来的真理。我们同时也看到，只有自然主义能够理解世界历史的行动。

——马克思 ①

我前面辩称吉卜林为西方寻求重新定义印度人——将他们视为是有认受性的征服者与统治者之西方人——的反义词。我也声称，和在西方不一样，这一干新的定义并未在大部分印度人中深度内化——而相对于摩登西方人——他们早已具备了自己的本土同型物。他们把西方人当成是短暂的统

---

① 《马克思恩格斯文集》第 1 卷，人民出版社 2009 年版，第 209 页。

治者；而后者则有如所有短暂的统治者一般，他们都倾向于活在各种永恒的幻象中。然而，这样的帝国意识毕竟也相对成功地接收了西化了的印度人意识的某些部分。我将简短地讲一讲这故事，用它来例示殖民的经验如何逼使西化的印度人首先分裂了印度人的自我意象，然后又如何透过显示其中的一部分之虚假来重构它。

印度从来都是一个分开的世界；极难为外人——**东方人或西方人——所渗透"**。[①] 这么一个文化变成了一个投射测试，它不但邀人对它投射出个人种种最深邃的幻想，同时也透过这样的自我投射显现了做解释的人的自身，而非被解释的人。所有对印度的解释最终不免是自传性的。可以预期的，一群吉卜林的徒子徒孙曾经把武勇的印度树立成为一种终有一天能以西方之矛攻西方之盾，而将西方击败的真正的印度。他们期待那个光辉的时刻，而且情愿改变掉整个印度文化，以便早一些把那个胜利带来——有如在越南的美国陆军军官把一个村庄摧毁是免得它落入到敌人的手中一样。他们把一般的印度人之作为西方男人的虚假另翼选项予以祛神秘化：他们既矫情地具精神性，却又精明地物质化，既粗暴

---

① 见 V. G. Kiernan 的 *The Lords of Human Kind: European Attitudes to the Outside World in the Imperial Age* 一 书（Harmondsworth: Penguin, 1972），第 71 页。

且自利；他们既不是如日本人那样成为全身投入的西方的对手，试图以西方的方式击败西方；也不像儒家中国的东方，一方面明显地仇恨西方，一方面却共同拥有了西方的某些基本价值——如表现能力、组织性和工具性的理性。这些人既不和西方文明的典范相合致，也不公然地去做一个高贵的野蛮人。这一干新刹帝利性的文化理想不外乎是一个建基在强硬的现世性（this-worldliness）上的坚强的印度国家机器。

其他人则对以上产生了反激，他们把精神性的印度视为真正的印度。对他们而言，所有对精神旨向之违背就是对印度特质的违弃。针对摩登西方的物质主义，他们见到的印度正为一种异议的全球意识提供了主轴。从这个观点看来，西方就已经被超绝的东方诸文明所击败，西方却一意固执地拒绝承认这个事实。

这些矛盾的统识是不受文化决定的吗？一个社会不是经常都要在物质主义与精神主义、硬梆梆的现实和虚幻梦境之间做选择吗？不然的话，这种选择的认知本身是否正是吉卜林的帝国职司下的一个产品呢？

从当代研究极权人格对种族自我中心主义的描述中认证，不列颠对印度文化的殖民态度一向是反复无常的。不列颠一方面把印度视为过度地现世化——超级的精明、贪婪、自我中心和唯利是图。另一方面，他们同时把印度人当作是过度的出世而蔑视他们——不适于摩登的科学与技术或国家治理和生产性的工作。（印度的殖民统治者于是乎以各种可能的方法肯定了一个镇压的体系的认受性，如果真的需要什么证明的话，理由就在这里；不列颠统治下的印度精神主义从来不曾是唯一的鸦片。）这样的分裂在印度的摩登部类中仍持续地维持着。一旦穷尽了其他对印度诸问题的解释，摩登印度人总是会退堕下来，不是回到精神性的印度人这个刻板印象中，就是回到假的精神性的那个典型里面。

大部分印度人是否是这样地看印度，很值得我人存疑。印度不是光有它精神性的自身。这个社会尽管给予精神性以重要的地位，但它绝不是印度质地的压倒性面相。汗牛充栋的马克思式和结构功能观点出发的经验研究至少应让我们意识到：在印度精神性的层面下，存在了现世性的抉择、具实的切身利益和对现实的测试。可惜这些都未足以阻止任何人——甚至包括上述研究的学者们——劝戒印度人要变得现世些也现实些。

博学之如 D.D. 高善必（D. D. Kosambi）者，当他在"油滑的机会主义"同一节中承认了"物质的现实是严重的幻想"

时又对梵歌加以责难，[①] 他也难免是有几分天真的。在印度的物质主义方面，情况也一样；在所有的物质主义解释都用尽之后，留下的还是无可化约的精神性关注的因子，它们知会了印度最死硬的唯物主义。有时候，这个因子被视为一个人在他身体欲行却心智软弱——逆反一个另外有它的故事的隐喻——下剩余的非理性；有时候它被直指做不过是一种虚假的伪饰——是对力强却智衰的迷信印度人众所作的政治性妥协。

然而，无可否认的，揆诸理性主义的社会批判者罗易（Rammohun Roy，1772—1883）在英国布里斯托（Bristol）虔敬的晚年岁月，或回顾不可知论的贾瓦哈拉尔·尼赫鲁（Jawaharlal Nehru，1889—1964）秘思性的遗嘱与证言，它们都是时光穿越过生命的阿刷摩（āśramas）的同样故事。

也许只有一种在笛卡儿式意识（Cartecian conscious-ness）中阿南达·库马拉斯瓦米(Ananda Coomaraswamy) 和萨瓦帕利·拉达克里希南（Sarvepalli Radhakrishnan）的印度才会否定 D.D.高善必和德维·普拉萨德·查托帕迪亚雅（Devi Prasad Chattopadhyaya）的印度；只有在摩登性的各种

---

① 　见 D. D. Kosambi 的 *Myth and Reality* 一 书（Bombay: Popular Prakashan，1962），第 17 页。

意识中，两个印度才变成竞夺人们心智的两种意识形态；变成不再是同样生命样式中——辩证地互联互补的——两个不同的韵律。① 换一个说法来讲，这些意识形态投射的两个印度都是西方闯入的产物，也是来自依照摩登西方心智之貌似内部一致的种种范畴来重构印度文化的企图。这两种操作都是将生活的诸层次——或自身的各侧面——转化成为不同类型之意识形态的尝试。

在印度，也在大部分的世界观中——只要我们一旦学会忘记它们是专职研究的对象——就算是最偏执的意识形态也可被阅读成是生活的一个层次或一个侧面，或者是一种对特定本体论或存有困境的回应。单一的生命样式之中总是可以包容众数的意识形态的。和它相匹配的，一个活的文化是要

①　事实上，当我们把 Radhakrishnan 和 Chattopadhyaya 的研究做一比较时，这个论点即显而易见。而在另一方面，这两方的论点又奇怪地相克相制。详见 S. Radhakrishnan 的 *Indian Philosophy* 一书（Bombay：Blackie，1977），卷一，及 *The Hindu View of Life* 一书（London，1926）；D. P. Chattopadhyaya 的 *Lokāyata: A Study in Ancient Indian Materialism* 一书（New Delhi: People's Publishing House, 1973）和 *What is Living and What is Dead in Indian Philosophy* 一书（New Delhi: People's Publishing House, 1977）。Alan Roland 在他一项即将发表但仍未命名的研究里指出，印度的人格会把这种互补用一种自身的三角关系来加以处理——灵性的、家庭的和个人的。而文化和心理的层面中，亦同样存在了这一种共通的界面之情况。

真正是活生生的，它对它自己——不是对它的分析家——也是有一定的责任的。它却尤其不需要为是否与一定的模式（自己所有的，或人家的）相合致的问题而负责。摩登的各方学者当然对他们不同的学科有各自的职分；他们遂承担了义务，变得无法容许有不同生命样式与种种意识形态间的转换。他们必须将自己发明的物质主义和想念主义①间的"矛盾"加以和解，透过拆穿其中的那一个是假的来完成自己的任务。

职是之故，我们被困在摩登印度特异的进退维谷之中了！

在一个方面，有不少摩登的教仪宗师（cult figures）以强调精神性的印度来将物质性的印度排除在印度之外；在他们自己成为了西方精神主义与实时救赎市场上的商品之时；当他们变得日益依赖于现代世界的各种主要构造时；在他们透过摩登科学来认受化（legitimize）古代思想，并采用传统知识以解决种种摩登问题的时候，他们把两者都琐末化了。这些**宗派大师**（gurus）据称是替印度人重新发现了他们真正的精神性宿命！

另一方面，也有不少人"看穿"了印度的精神主义；发现在它的下面只是等而下之的物质主义。只有把精神性的

---

① 另译为唯物主义和唯心主义。——编者注

印度给彻底揭穿了，尼拉德·乔杜里（Nirad C. Chaudhuris）和维·苏·奈保尔（V. S. Naipauls）才变成是摩登的玛哈里希（*mahaṛsis*），印度裔美籍物理学家与灵性导师（*ācāryas*）的对照性人物。[①] 也只有作为专业的揭穿者，他们才成为了摩登世界专业救赎神人（godmen）的一个部分。有如他们拒斥的救赎神人，他们同样地用摩登世界来广传他们不同版本的印度。只是他们不是贩卖精神性的印度或把物质性解释掉，而是叫卖物质性的印度和揭露它的精神面。作为倒转的摩登宗派大师，他们不能原谅印度既不是西方的真正翻版，又不是西方的真正对手。他们痛恨印度人混淆的自我定位甚于憎恶他们所见的这个社会之种种错失。好比说，兴都信仰者在谈到和平主义时是侵凌性的，他们洁纯的意理却是肮脏的；倡导精神至上却是物质旨向的；在试图变成西方化的时候，则是滑稽兀突的印度式的。[②]

既然人可以是伪君子，文化就不可以吗？各种文化的伪饰性倘若仔细审视，可不可以是人群处境本身的矛盾呢？就此而论，难道伪饰者只是在急就章地施骗吗？不然的话，他

[①]　见 Nirad C. Chaudhuri 的 *The Continent of Circe* 一书（London: Chatto and Windus，1965）；V. S. Naipaul 的 *An Area of Darkness* 一书（London: André Deutsch，1977）。

[②]　详见 Chaudhuri 的 *The Continent of Circe* 一书的第五章。

是不是在一个仇视他种种价值的世界中——特别在自己屈从于世俗的种种诱惑之际——再一次地去首肯一些基本的人群价值呢？一个伪饰者难道不正是一个从他个人的败落中征示了更大文化危机的、半推半就的每日生活批判者吗？

说不定这些问题的一些答案比问题本身要简单些。印度毕竟不是在世界之外。无可置疑，多少世纪以来，它和世界其他地方所着手的一样，虽成就了同样混乱，却不失部分诚挚的、对人性社会的追寻。同样不可否认，许多印度在文明社会生活上的实验，曾经是在无数重大异数下存活下来的各种权宜性努力。这些实验中有不少失败了；这些文化的梦想也有不少变成了梦魇。

犹有进者，在最近的几个世纪中，这个社会不得不和被摩登性强力意识形态，以及所向无敌科技支撑的外来压迫势力进行重大的妥协——它迄今仍挣扎着试图穿过那个试验。它被迫去开发出一种受害者面对回避不了情势时，常显示的创造性自我防护机制：它以略带滑稽的装模作样来间接地曝现权力的荒谬性；以一种对权力者的种种工具性应用，来公然地授予它们以优越性，但否定它的文化——这个方式包括了去拒斥如工作、生产性、雄迈、成熟及成年、理性与正常等等价值；它具备一种离奇的能耐去颠覆掉能致使一个人对"系统"产生调适的种种有用的技巧和特质(如智力、创造性、成熟、适应力、个人成长及发展）；它产生一种过火的谄媚巴结，试图借之间接地限制被奉承对象的其他选择；它采用一种风格化的出世态势，至少能使一些将他们视为排斥自利的那些人自我解除了武装。

西化印度人人格上的病理——吉卜林所明白指认的——一开始就植根在印度人和吉卜林自我理念的邂逅之上。乔杜里（Chaudhuris）和奈保尔（Naipauls）不但是无可逃避的自我防卫的批判者，他们也是其中的一部分。他们为一个设计出来对外人遮藏真切自身的文化——受害者最深邃的社会意识——提供了"第二意的精致化"。

毕竟，决定性之为物到底也不是那么确定的东西。

IV

说不定在这样的世界里，印度物质主义和印度精神主义二者的密码一旦被破解之后，二者都能被显示出它们共有着相同的或相互补充的种种关切吧！我现在要审视圣者奥罗宾多（Sri Aurobindo，1872—1950）——他在许多面相上是和吉卜林相对照的——生命中的这种相互关联性。在吉卜林和奥罗宾多的对照中，我希望演示：后者对殖民主义的响应包

含了一种文化的自我肯定；他的这种首肯对"他者"的自身
存有（selfhood）有较大的尊重，也有一种更具普同性的对
解放方式的追寻——尽管对我们不少人而言，那样的追寻看
起来是多么的不健康或异乎寻常。事实上，我们可以说那些
所谓的"不健康"或"异乎寻常"的判断本身就是殖民文化
的一种产品，它深深地被缩景（telescoped）到奥罗宾多的
个人生命史中。奥罗宾多的精神主义可以被视为是一种处理
文化侵略情势的方式；就这点而言，它是一种抗争的话语，
借之寻求以印度的尺度来赋予西方意义。至于认为这种尝试
在什么程度上对他的社会产生意义，在什么程度上它仍不过
是对出世的印度之西方版本的缩影，那就见仁见智了。

吉卜林在文化上有一个印度人的童年，长大成人后变成
了一个西方道德与政治优越性的意理客（ideologue）。奥罗
宾多则有一个文化上属于欧洲人的童年，成长后却变成了印
度精神向导的倡行者。吉卜林为了成为他观念中的真正欧洲
人，而必须否认他的印度性；奥罗宾多则要以坦承他的印度
质地来变成他心目中真正的印度人。尽管如此，虽然他们两
个都可被视为殖民主义心理病灶的不同产品，奥罗宾多却表
征了——针对殖民主义引致的种种分裂的——一个更有普
同性的回应。他毕竟毋须以否认他身上的西方来成为他心目
中的印度人。一直到临终，西方文化始终是他创造性自我表

现的载具，他也从来不以为西方是在他圣神的恩慈之外。就算讲到种族和进化——两个西方宇宙观中最危险的题旨——他也从来未曾用这些概念来分割人类；他心智中关怀的总是人类的全体和人性进化。即令在第二次世界大战期间，他作了令人侧目的宣示——他的瑜伽决定着欧洲的战事和日本的命运时——他知道在战斗高潮中，他要站在哪一边；纳粹对他而言从头到尾都是撒旦的势力；尽管亚洲之再起是他最心仪的梦想，他从始至终都憎恶日本的军国主义。①

　　我们必须被迫承认，和吉卜林的"生病的灵魂"相对照，奥罗宾多的生病的心智是对人类困境更为优越的认知——远早于 R.D. 莱因（R. D. Laings）的出现——这种认识显示了：即令是崇高和非个人化的最深感受，也有可能承载对另谋出路之政治道德中的种种征示。

----

① 有两个原因令此点特别值得注意：第一，众多在他早期政治生涯中的熟人——包括他所钦佩的较年轻的政治领袖 Subhas Chandra Bose——都在寻求来自德国和日本的助力把不列颠人驱赶出印度。这些年轻领袖中有不少都曾深深受到奥罗宾多早期的政治意识形态和事迹影响；第二，他是完全有警觉到同盟国滥用其战争胜利的种种可能性的。有关他对战争的瑜伽式介入可见 Sir Aurobindo 的 *On Himself* 一书（Pondicherry: Sri Aurobindo Ashram，1972），第 38—39 页、393—399 页，特别是第 388 页，从他对列宁和苏联革命的评论中看出，奥罗宾多他自己并不把自己在"国际力量"中的瑜伽式介入当成太具实体的东西。

这个论点可以换个说法。尽管奥罗宾多身属印度对殖民主义响应中最深邃的反动传统——部分撷取自于班吉姆·钱德拉（Bankim Chandra）和辨喜（Vivekananda，斯瓦米·维韦卡南达）激扬的传承——他始终（如班吉姆·钱德拉和辨喜一样）在印度文明之内为西方保留了真切的位置。对位处另一方面的吉卜林而言，印度则绝非享有同等权位的文明；它是一个人可以爱慕的地理区域，是一个社会学的空间——如果你是一个真的"男人"，你才可以在其中安身。这些不同当然不是一个意外，奥罗宾多怎么说都是一个受害者，他在他的受迫害性中塑造出了一种新形式的反抗。作为受迫害的一方，他（必须）更加有心地卫护人性和道德的清明；因为，尽管殖民体系把他只当作是个对象，但他不能将殖民者仅视为对象。作为挣扎求存的一个部分，西方对奥罗宾多这些受迫害者而言始终是一种内在于人的真实；爱它也罢，恨它也好；与之认同也好，对它作反向认同也罢。

奥罗宾多·阿克罗伊德·戈塞（Aurobindo Ackroyd Ghose）是双亲的第三个孩子，他名字中的阿克罗伊德（Ackroyd）这个西方名是出生时父亲给的。戈塞（Ghose）家是加尔各答近郊的有教养的婆罗门改革派（Brahmos），全家充分地暴露在印度社会变迁的各种新潮之中。父亲叫克里斯南（Krishnadhan），是在政府任职的留英医师，在亲朋间他以他的各种突出的英吉利化行为为人所知。他禁止他的孩子们学习或讲用班加里国语，就算在家里也要以英语交谈。此外，衣着和吃食也都是英式的。这不打紧，克里斯南是个无神论者，他尽力防止他的小孩们受到兴都信仰的恶劣影响。不知何故，年轻的奥罗宾多成为了他父亲狂热的社会工程里最受关注的对象。他"最注意不让任何印度的东西碰触到他这个儿子"。①

母亲叫丝娃拉特（Swarnalata），并没有"正式"的传记记录；她是有名的学者、宗教领袖、社会改革家及国族主义者拉吉·纳拉扬玻（Raj Narayan Bose）的女儿。她被认为是一个美人，虽然来自一个改革者的家庭及嫁了一个极度西化的男人，丝娃拉特本人则是正宗的兴都信仰者。可以确定的是，她并不欣赏她丈夫的西方式举止，也不喜欢在家里还用英语交谈的那种把戏。但是，比语言压迫更让家里的人际关系发生不安的则是在奥罗宾多早岁时丝娃拉特就罹患的疾病。当时的人称它为歇斯底里症（hysteria），她当时显示的是更严重状况的前期症候。虽然她父亲送她去他在德奥加尔

_____

① 见 Sisirkumar Mitra 的 *The Liberator: Sri Aurobindo, India and the World* 一书（Delhi: Jaico, 1954），第 24 页，及 Satprem 的 *Sri Aurobindo or The Adventure of Consciousness* 一书，由 Tehmi 翻译（Pondicherry: Sri Aurobindo Ashram, 1968）第一章。

(Deoghar）的住处疗养，她却愈来愈"没有办法控制"。在那时，克里斯南就在家里养了一个情妇。

时光将丝娃拉特病况的细节淹灭了，我们只知她的原生家族中也有过一些"歇斯底里症"患者，而她会对她的小孩们偶有暴力性的发作。（至少有一个例子，奥罗宾多僵硬地站立，惊惶失措地看着他母亲痛打他的哥哥。[1]）我们也晓得，不管是回应她或回应家中的一般状况，奥罗宾多都表现了一种缄默和人际上的退避，而他后来的仰慕者则将这点视为是他精神特质的一种早期症候。[2]

不只如此，西方继续以种种其他的方式在压迫着奥罗宾多。五岁时他被送到在大吉岭的全盘西化的贵族派女修院，受到一个代职母亲般的英籍女教师的监护。他的**同学**几乎都是白种人。英语是上课及下课后唯一的沟通语言。他在小小年纪被放逐的感受，可从第三者的叙述略知一二："在喜玛拉雅山脉的阴影下，在神奇的雪峰映照下，即令是在他们自

----

①　见 Niradbaran 的 *Sri Aurobindāyan* 一书（Calcutta: Sri Aurobindo Pathmandir，1980）第三版，第 17 页。

②　在他的圣徒传中非常深入和敏锐的观察里，有人观察到奥罗宾多除了关心他的曾外祖父外，对其他的亲戚都一概不关心。见 Pramodkumar Sen 的 *Sri Aurobindo: Tiven o Yog* 一书（Calcutta: Sri Aurobindo Pathmandir，1977），第 9　10 页。

己的乡土上，他们是在异化的环境中被带大的。"[1]当他在大吉岭首次经历异乎寻常的心灵经验时，就已印刻了这种孤单和丧志；在异像中他感到一种厚重、明显可觉的黑暗降临到了大地，进入了他的身体。这种黑暗持续在他身心之中有十四年之久。

奥罗宾多七岁时，他的父母带了他和两个兄弟到英格兰，将他们留置在那里。他们如今要暴露于其中的不再是印度人的西方生活形态，而是英吉利人的西方生活方式。到了伦敦，这些兄弟们被置于英籍德拉维特（Drewett）牧师和太太的监护之下，这对夫妇却被给予了各种"严肃的指令"：不容许小孩子们"与任何印度人熟稔，或受到任何印度的影响，这些指令必须只字不改地严加执行"。[2]克里斯南也告知德拉维特夫妇他们要免却他儿子们的宗教课程。（但是牧师的母亲对基督教的福音比较遵从，担心到奥罗宾多的灵魂不被拯救，曾在一个周日把他带去受了浸礼，使他成为了基督徒。）

在这一段期间及以后上伦敦的贵族学校时期，奥罗宾多受教于欧洲的古典传统，特别是拉丁文与希腊文，也开始以

---

[1]　见 Aurobindo 的收入 K. R. Srinivasa Iyengar 的 *Sri Aurobindo* 一书（Calcutta: Arya Publishing House，1950），第 15 页。

[2]　见 Mitra 的 *The Liberator* 一书，第 25 页。

拉丁文、希腊文和英文书写及出版诗作。[①] 后来他在剑桥的国王学院（King's College）得了奖学金，一年之内在古典学上成绩辉煌，获得了有关的所有奖项。他同时恪守本分地研习一些法文、德文和意大利文，丝毫不见反叛的气息。

然而，功课上的成就却未能为奥罗宾多和他的兄弟排除掉在英格兰期间不时遭遇到的经济上和眷顾上的焦虑。他们的父亲尽管富有，却不知何故停止汇钱给他们，三兄弟穷得不得了。除此之外，在英格兰，奥罗宾多没有任何亲近的人与关系，很孤单寂寞。[②] 其结果就是奥罗宾多到中年曾一度不经意提到的"内向的抑郁症"。[③] 另一个结果则更可预期：他年复一年地被教导将英格兰视为一个理想社会；而今，英格兰再一次地将他与西方有关的各种早期焦虑都又激发了出来。

最后，奥罗宾多开始追求各种对付西方的另类出路，也开始反抗与他的父亲相关的英吉利主义成功模式。是故，在以第一级的成绩考完了古典文学士优等考试（Classical Tri-

---

① 　奥罗宾多对于诗作的兴趣持续了一生，他最具创意的作品，一本名叫《莎维德丽》（*Savitri*）的英文诗书也成了英文的史诗，他在二十岁左右时开始写作，直至他接近临终时才将之完成。奥罗宾多早先是认为自己是个诗人的。见 Niradbaran 的 *Sri Aurobindāyan* 一书，第 40 页。

② 　见 Aurobindo 的 *On Himself* 一书，第 7 页，及 Aurobindo 给 Dilip 的信（1935），收入 Srinivasa Iyengar 的 *Sri Aurobindo* 一书，第 19 页。

③ 　见 Aurobindo 的 *On Himself* 一书，第 20 页。

pos）的第一部分后，奥罗宾多没有去拿学位。更糟的是，尽管在印度公务人员考试中他的成绩优异——也充分知道"他父亲对那考试非常在意"[①]——他没去参加骑术测验，而失去了资格。[②] 最后，奥罗宾多在剑桥的印度社团（Indian Majlis）发表了几次激烈的国族主义演说，也参与以追求印度自由为宗旨的刚萌芽的秘密会社。

似乎是有意要表示他和西方划清界限，奥罗宾多在这段滞留英格兰期间，把他名字中的阿克罗伊德（Ackroyd）这个词给删除了。

在英格兰滞留了十四年，也完完全全地**去国族化**——奥罗宾多自己的用辞——后，他回到了印度。他发现父亲过世了，他在死前误信了载运奥罗宾多回家的船沉掉的谣言，因而痛心而亡。很快的，奥罗宾多也发现他那已到神智不清后期的母亲几乎不认识他了。然而，在这个时候，他已经面向了新的、不同的、亲尊的形象了。早在他立足于印度的土壤

---

① 在这个方面，他受到母亲那边亲戚的各种传统之帮忙——Raj Narayan Bose 就预见了一些兴都国族主义——而他爸爸不可预测的另一个自身也提供了助力。Krishnadhan 或许对他们的津贴时断时续，那并没有影响他把一份在加尔各答出版、报导不列颠在印度所施压迫的国族主义期刊寄给他的儿子们。

② 见 Mitra 的 *The Liberator* 一书，第 26 页。

之时，大吉岭童年之时就附魔于他的黑暗之感已然消散，他已置身在深邃的平静与肃穆的经验之中。[①] 毕竟，他已回到他母亲的土地，开始学习他的母语；再者，他——随后自明地——回印度来发现那个**母亲大人**的无上权威。

奥罗宾多开始在巴罗达（Baroda）生活，担任官员并教授语文。他在英格兰时曾跟从一个**英吉利**学者学习了一些班加里国语和梵文；在巴罗达时他进一步修习，且学会了马拉地语（Marathi）和古吉拉特语（Gujarati）两种语言。他一向以语言见长，且善于公开演讲。如今在个人生活上他超于寻常的平静，他在公开的表达方面则更见表现。他为各个国族主义的期刊撰文，也渐渐成为了重要的公众人物。也恰是在巴罗达，他首次发现了他具备的精神力量。有一次他把自己救出了意外——一个神仙般的、发光的自己从他的身体中脱躯而出、控制住了出事的马车；另外还有一次，他看到了一个时母（天城体：Kālī，音译为迦梨或迦利，字面意思是"黑色的"）神像的真体现身。

1901年，奥罗宾多结婚了。他的新娘玛丽娜里妮（Mrin-alini Devi），据她父亲说是一个十四岁的漂亮却平庸的女孩，她也为她的平庸付出了代价。尽管奥罗宾多挑选了她，但发

---

① 见 Mitra 的 *The Liberator* 一书，第 34 页。

现她无法企及他的期望后就很快就对她失去兴趣；玛丽娜里妮在 1918 年——奥罗宾多遁世隐居多年后——在无后、孤寂、心碎且无人悼念中死去。受创于奥罗宾多的长期离家，也失落于一直希望他终会回来，把她带进他的新生命的期许中，她自始至终都天真地——在他偶然向她发出暧昧示意下——试图用她在各种宗教方面的活动来使她自己变得能被他接受。[1] 他则从来未曾回头。她父亲在她死后的哀悼文字中——虽被奥罗宾多退修院（Aurobindo Ashram）改过——描述了一个单纯的、受溺爱的，却被她自己无从理解的势力所粉碎的妻子的悲剧。

奥罗宾多的婚姻或他的灵性追求都没有阻止他被卷入国族运动的旋涡中，他很快就变成了各个以暴力推翻不列颠统治的团体的重要领袖。他也很快地成为了一份重要国族主义期刊的编辑和加尔各答一个国族主义学院的院长。同时，他发展出了一套他政治意识形态的初步大纲——其构思环绕于一种模糊形式的民众主义：除了认为"无产阶级"是"整个情势的真正核心"[2]，也以印度之作为一个威势的母亲——萨

---

[1]　一部分由玛丽娜里妮的父亲撰写的一篇未命名的文章被收入在 *Sir Aurobinder Patra, Mrinalinike Likhita* 一书中（Pondicherry: Sri Aurobindo Ashram, 1977），第一次增印版，第31—35页；详见第33页。

[2]　见 Mitra 的 *The Liberator* 一书，第37页。

克蒂（Śakti）——的神话为中心，她受到西方的压迫，必须透过她儿女的浴血牺牲才能得到解放。

> 我认识到我的国家是个母亲，我奉上我的所有来献身、崇拜。如有恶魔骑上她的胸脯准备吸她的血，她的儿女该当何事？静静地坐下几自用餐……还是奋身去抢救她呢？我深知我的内里有完成解放我失陷国家的力量……它是知识的力量；建立在 Tnana 的婆罗门智（Brahmatej）。这种感受我早已有了……我在这种感受中生成……上苍派我下凡来成就的就是此一事功……①

这么一个意象显然是采自于班吉姆·钱德拉·查特吉，

---

① 见 *Sri Aurobinder Patra* 一书。究竟是奥罗宾多把国家概念化为一个母亲，抑或是一个母亲更原初的形象在他印度的概念中找到了表现呢？"在不断革新的世界里——有若是永恒之轮是在正确轨道上旋转的话——一股无限的力量，它把永恒向前推动和令这个轮得以运作……这股无限的力量就是珀瓦尼女神（Bhavani）。她是难近母（Durga），她是时母（Kali），她是挚爱的罗陀（Radha），她是吉祥天女（Lakshmi）。她是我们的母亲和我们一切的女创造主。而现世的年岁中，母亲是以'力量之母'得以彰显。"见 Aurobindo 的 *Bhavānī Mandir* 一书，由 Mitra 翻译，收入 *The Liberator* 一书，第 48 页。

一个对奥罗宾多在他的时代理脉中的政治意识型态较好的描述，可参考 Haridas 和 Uma Mukherji 的 *Sri Aurobindo's Political Thought (1893—1908)* 一书（Calcutta: Firma K. L. Mukhopadhyay，1958）。

他首先在印度国族主义中引进了伟大的母亲这个意旨。奥罗宾多之钦羡班吉姆·钱德拉除了这个缘由外，更因为班吉姆的书写给了他将英吉利语文——他父亲心爱的英文——从印度赶走，代之以他的母语的能力。[1]

　　奥罗宾多的革命性政势终于将他带到了牢狱之中，经历了绵长且高潮迭起的叛国罪审判。[2] 他的狱中岁月——特别是单人监禁的时日——大大地改变了他在灵性上的生活。他修习瑜伽，潜读《薄伽梵歌》（*Gītā*）和古《奥义书》（*Upaniṣads*）——在生死界的诸个门限间和辨喜（斯瓦米·维韦卡南达）对话；他甚至在牢房中和黑天神（Lord Kṛṣṇa）见面；他更不时神游太虚、突破沉郁。[3] 即令是他最感激涕

---

　　[1]　奥罗宾多曾骄傲地说："当一个 Maratha 或 Gujarati 要说任何重要的事时，他会用英文说；而一个班加里国人，他会用班加里国语说……在这个地方英文一直不断地被赶离现场。很快地，我们只需要把它在自己的说话中淘汰掉。"见 *Indu Prakāś*，1894 年 7 月 23 日。转引自 Mitra 的 *The Liberator* 一书，第 47 页。

　　[2]　其后，他更用优雅的、措辞巧妙的班加里国语记录下他在受审和牢狱里的那些日子。他的书写也是一个对当时压迫下印度的不列颠司法运作的杰出社会学研究。见 Aurobindo Ghose 的 "Kārākāhinī" 一文，收入 *Bāṅglā Racanā* 一书（Pondicherry: Sri Aurobindo Ashram, 1977），第 257—314 页。

　　[3]　见 *On Himself* 一书，第 68 页。及 Aurobindo 的 "Kārākāhinī" 一文，以及 Niradbaran 的 *Sri Aurobindāyan* 一书。

零的神恩，也都是来自他 1908 年在狱中的种种"静穆"与"空无"。① 从此之后，"万有来者，来自空无"，而且他能"随时随地从行止中进入纯静的平和"。②

1909 年 5 月奥罗宾多被判无罪。当时不列颠法律的叛国罪幸亏是定义在与约翰·洛克（John Locke）的哲学相匹配的原则上，即我们称之为负面自由（negative liberty）这个概念上——而不是像今天一样地追随着以赛亚·柏林(Isaiah Berlin)。煽动叛国也不是用弗洛伊德的哲学祖宗们（或其演叙者）的教诲来定义。职是之故，作为克里斯南儿子的奥罗宾多的私己权势危机中的种种弑父意涵（Oedipal meanings）——尽管透过他所有的政治反抗、审讯、获判无罪，至于协从（conformity）——遂仍被埋藏在法律文件的层积之下。

另一方面，政府当局对奥罗宾多出世的设辞（rhetoric）或法庭的判决并不买账。官方持续地威吓要再次逮捕他。③ 说不定不列颠法律的自由主义也从未买过奥罗宾多的账。

---

① 有人怀疑他其实已经在早年就拥有了这种神恩，他只是在那个时候才发现它们的新的和非压迫性的各种意义。

② 见 Aurobindo 的 *On Himself* 一书，第 89 页。

③ 奥罗宾多其实早已预期自己会被判无罪："他深自内里地肯定自己，并知道自己一定会被判无罪。"见 *On Himself* 一书，第 32 页。

他的神秘主义毕竟有它现实的一面，也隐含了它现世的考虑。① 于是，1910 年在接到"上头"的指示后，他搬去了在印度的一个叫庞第皆瑞（Pondicherry）的法国殖民属地；在那儿他开始了一种令不少人为之恼羞成怒的隐遁者生活。尽管如此，却是奇妙地，他追随了他那时代班加里国恐怖主义者们横步而前的路径。有一小群跟从者追随了他到庞第皆瑞，他们过着朴素随适的生活，修习一种不但可以解放印度，更可救赎世界各处任何人的瑜伽术。有如奥罗宾多自己所言，他如今修习的是从禁欲和苦行中始可获得的婆罗门式的能耐（brāhmaṇic potency），是婆罗门智（brahmatej）而不自是刹帝利智（kṣātratej）或勇武的能耐。

这个故事原本可以就此结束；然而，西方又对奥罗宾多的生命再一次进行了干预。在 1914 年，当时一个三十七岁、诱人的法国少妇米拉·保罗·理查（Mira Paul Richard）抛弃了家庭、丈夫和孩子们，来到奥罗宾多这里。奥罗宾多和米拉在真实会面前早已在瑜伽上结缘——从历史的伊始之际他们就已经一同为人类的进化携手合作了。② （虽然他们的

---

①　奥罗宾多很清楚地表示自己的精神主义已经是"无关于禁欲，或对一切俗世的事物蔑视或厌恶"。见 *On Himself* 一书，第 430 页。

②　见 Aurobindo 的 *On Himself* 一书，第 445 页和 Sri Aurobindo 的 *The Mother* 一书（Sri Aurobindo Ashram，1928，1979 年重印）。

合作已经绵亘了几个世纪，他们各自的东方和西方内里呈现在风格上却仍有所不同：奥罗宾多的宣示都是隐喻式的；而米拉则是明言直陈的。① 即令在秘术的事务上她也是实事求是的。）果不其然，她很快就接掌了隐修院（Ashram）的组织，也被奥罗宾多给予了"母亲大人"（Sri Ma）的称号。

在开始的时候庞第皆瑞虽然有一个有魅力的领袖，却仍是一个由平起平坐者结合而成的平权组织。米拉来了就把这种**任其自为**给废了，她为这地方加上了清楚的层阶和正色的规训，② 便再也容许不了什么人人平等的矫情了。③ 此后奥罗宾多成了最终拯赎的关键、无上的大师。在这同时，米拉成为了他和俗世的广大他者沟通的新媒介。如她所说，因为大部分人寻求的权威是不能太抽象、太遥远和太"严苛"，所以她必须"俯就比较底下的意念"④；为了教他们受益，她花团锦簇的身段和浓妆艳抹的面容有如奥罗宾多一样，恒然地

---

①　能读班加里国文的读者也许还会记得 Raj Sekhar Bose 针对那些辞语所写的辛辣且强烈讽刺的文章——"Biriñcibābā"一文——收入在他的 *Kajjalī* 一书（Calcutta: M. C. Sarkar and Sons, 1968—1969），第十版，第1—37页。

②　见 Aurobindo 的 *On Himself* 一书，第460页。

③　见 Niradbaran 的 *Sri Aurobindāyan* 一书，及 Aurobindo 的 *On Himself* 一书，第460页。

④　见 Aurobindo 的 *On Himself* 一书，第450页。

从退修院的四壁向下凝视。

在 1926 年接受了米拉做他的萨克蒂（śakti）女神后，奥罗宾多更加深入到了一己的静默和隐退之中；他只和米拉及少许高徒有经常性的近身接触。对其他人，他一年有四次短暂的现身。其余的时间他忙于种种瑜伽的功夫，以便将超等智慧引导下凡，进入世界，并产造一种新的超人种属。[①] 这样的闭关促使母亲大人控制加紧，这种控制在他死后，变得更加绝对。奥罗宾多式神秘主义的终极开放性及想象力也一点点地（却决然地）被她给排除掉了。隐修院本身在她强势地介入和有力地指引下变得具有高度的层压意识和政治保守，它也成了对周边民众压迫的工具。在奥罗宾多过世后，它甚至于反对庞第皆瑞的去殖民化。[②] 与日俱增且不可避免地，它终于披挂满了组织完善的摩登宗派和公司化了的教会的各种虚饰。

_____

① 这个超人的理念和尼采（Nietzschean）的世界观并无关系；奥罗宾多的超人是要发扬意识的进化，在他的旨向上更普同，和更有能力透过各种精神上的精进去改变世界。

② 见 Claude Alvares 的 "Sri Aurobindo, Superman or Supertalk？" 一文，收入 *Quest* 一书，1975 年 1 月至 2 月，93 期，第 9—23 页，特别是第 10—11 页。阿瓦雷斯虽然简略，但却清晰地描述了当时的本地人和隐道院的工人对隐道院的敌意，他从学院哲学的观点将那些源起归因在奥罗宾多的哲学中。

　　尽管如此，一个人的历史性真实从来不是判断与这个人有关之各种意义的好尺度；是故，面对妈妈丝娃拉特和爸爸克里斯南的那个安静、不抗辩、长期受挫的儿子，对比于他和那个来自于欧洲的强有力、守信诺的女人的种种深刻关系，其意义是全然不同的。对他而言，母亲大人象征了释放的东方终于与非压迫性的西方相遇；从此之后，他的东方缺了母亲大人的西方就变得残缺，他的西方没了她的东方也是不完整的了。西方曾经一度将他与亲近、爱及蕴育分离开来；现在西方的一个部分回头过来使他和那些再次接触。"只有一种力量"，他宣称，"母亲大人的力量——或者，你可这么说，母亲大人就是圣者奥罗宾多（Sri Aurobindo）的力量"。① 他还说："如果一个人只对圣者奥罗宾多开诚布公（open），而不对母亲大人开诚布公；那意味的就是那个人没有真正的对圣者奥罗宾多开诚布公。"②一步步地，透过在**西方中的东方来**放松自己从而发现自己内里的东方，已不但成为了超脱的目标，也成为实际的可能。最终阶段的圆满证成全然的委身——"当你全然的和圣神的母亲大人合而为一，而不再觉得你自己是另一个分立存在的器具、仆佣或工人；

---

① 见 Aurobindo 的 *On Himself* 一书，第 458 页。

② 见 Aurobindo 的 *On Himself* 一书，第 458 页。

一个真正的孩童、她意识与力量的永恒部分"。①

　　说不定奥罗宾多针对了亲昵与蕴育的一再败北；面对无意义的缄默与空虚；陷身于最深邃的内在分离及脱节等一干西方在他身上引起的东西；他终算是找到了一个庇护所了！

V

　　阅读奥罗宾多的生命是不可能不感觉到，他种种与印度的帝国主义扣连在一起的"内在"苦痛。不少那些痛苦和极多的对他文化自身的摧毁之所以产生，都发生在他一己家庭的范围之内。这一切也进一步制约了他在教育、成长和发展上的苦难。那是青年奥罗宾多不得不直面的全面体系。在这种情况下，反叛势必徒劳，而他那在神秘主义立身的、"异色"的另类出路恐怕是唯一可有的蹊径。这条路的真正挑战在于得把这个神秘主义保持得有人味，且政治上不卖身投靠。在一个很长时期中，奥罗宾多自已是努力地这么做到了。（把精神的话语转成救赎的摩登技艺，把奥罗宾多变成印度的第一个摩登大师，这个结果是米拉·保罗·理查将他

_____

　　① 见 Aurobindo 的 *The Mother* 一书，第 24 页。

的组织性特质带进精神主义造成的；恰恰是在这些个门面之下，奥罗宾多谈到的"介入各种世界势力"的结果，在今天听起来就像是他一干"同业者"们在说的"与自然法则结盟"了。在这个层面上，奥罗宾多又似乎是已经被西方给打败了。）

我们可以换一种说法。如果奥罗宾多的生命故事和他的精神主义是一种对痛苦的立言，它也不得不是一种从人际间的退离——借之保护在通常的理解下他不得不予以放弃的各种价值。如果响应弗洛伊德谈到的艺术，奥罗宾多说不定会讲，只有在精神主义中的无远弗届的思想能力才能在我们的文明中得到存固——包括了被统治者的道德认定和政治能力。它是一种"脱离现实的""不理性的"企图，目的在于保护作为一个人的完整性，以及保守人之所以是有机寰宇之一部分的那一类意旨。在那个世界中——时值恋尸狂的战争机器在斯大林格勒和敦刻尔克屠杀着俄国人和不列颠人时——一个中年的班加里国瑜伽僧（他曾一度组织武力叛乱挑战当局，而今转去护卫印度王公们了）号召人们介入；因为所有的压迫都是一回事，每一个人都有他要尽的责任。

奥罗宾多征示了他的社会在殖民统治下的更普遍的挫伤吗？他是不是在尝试用一种新的语言发声呢？那发声是否平行于他的社会所表达的——也从而保护的——对它自己种种

挫伤之秘密觉知呢？虽难有定论，但我们不妨做些猜测。

　　首先，为了要在面对败北、侮蔑、剥削和暴力时保护印度社会的自尊，这个社会确曾发展出了一种（由其受害自身为它定义的）自主模式。透过一套文化"荒诞"与道德"矛盾"的隐喻箴言，它发展出了一套受挫伤的理述：它包括了一种出自于过度的道德主义的荒诞，欲在一个敌视的环境中掩盖住为了守护种种被反对之价值而带来的那种痛苦。一种受害者的世界因要在分断的权威——既是传统的，也是被强加的——中苟活而被撕裂的那种矛盾：有如一个银行职员私下写诗，他若不是想借之逃避一个平板乏味的世界，就是公然滑稽地肯定它来建立一己认知上的超越性。对某些人而言，诗就是诗，小丑也不过是小丑，它们只能就事论事。对其他人，写诗——和耍宝——可以是一种秘密的反抗，在身处于一个僵硬、雄迈、反诗的世界中去重新肯定自己心智的正常状态。[1] 这反抗不必一定要受到种种一神式信仰——或

---

① 参见 Theodor W. Adorno 对于文化在社会里角色之立场，见 *Minima Moralia* 一书，由 E. F. N. Jephcott 翻译（London: NLB, 1977），第 43—44 页；恩斯特·布洛赫（Ernst Bloch）的立场，则见 *On Karl Marx* 一书（New York: Herder and Herder, 1971）。而在 Dick Howard 撰写有关 Bloch 的其中一个章节里，更加清楚显示了布洛赫的这个立场，见 *The Marxian Legacy* 一书（London: Macmillan, 1977），第 4 章。Amilcar Cabral 更在他的书中，直截了当地把这个讨论放置在摩登殖民主义的脉络里，详见他的 "National

加上日益摩登化和国族主义化的兴都信仰——所专精的那种炽烈、凶残的道德狂热的背书。①

对各式各样的吉卜林和奈保尔而言，这种反抗是一种打

Liberation and Culture"一文，收入 *Return to the Source: Selected Speeches* 一书（New York: Monthly Review Press，1973），他在第39—56页，第39—40页写道：

当戈培尔（Goebbels）……听到文化被拿来讨论时，他拿出了他的左轮手枪。这显示了德国纳粹党——它曾是也仍然是最悲剧式的帝国主义和渴望宰制的表现——……非常清楚地知道文化价值之作为对抗外来宰制能产生的作用……无论在这个宰制的物质部分是什么，它只能靠对被宰制的人们文化生活的不断有组织压制加以维持。

施行有关宰制外国的理念——不管他是不是帝国主义者——需要的选择不外乎：

——不是透过实实在在地屠杀消灭所有在被宰制国家的人民，从而消除所有文化抵抗的可能性；

——不然就是以不损害被宰制国家人民的文化之手段成功地把自己强加上去——亦即用他们的文化人格去调和加在这些人身上的经济与政治宰制。

这本书的第一部分是对此部分的故事所作的详细分析。

① 在西方的理脉里被公认为唯美主义者的王尔德——揆之上流社会以作态之名付之于诗作和这款胡闹——当时应该早已经明白这些了。一个诗人（poet）他歌颂乌有的事物；一个装模作样的人（poseur）他挑战每天生活的存有。王尔德之所以是个批判者，恰恰是因为这些，而不是不理会这些。见 Richard Ellmann 的 "The Critic as Artist as Wilde"一文，收入 *Encounter* 一书，1967年7月，第29—37页。王尔德只是实现了恩斯特·布洛赫（Ernst Bloch）的信念——"平庸无奇"就是反革命。

迷糊仗。尤其是它模糊了暴力—非暴力、胜利者—败北家、过往的—当今的、物质性—非物质性的分割线。然而，在胜利中感到不安全的胜出者，和在自我压抑中不稍自安的宫廷诗士，他们当然会有双重的理由要将一干相对的差异予以绝对化。相对的，为历史的受害者而歌的败北家和诗人，揆之加缪（Albert Camus）的断言，则少有理由要这么干。因此，看起来像对邪恶妥协和混淆的情事，也可以被视为是受害者严肃正视的施压者自身的各种受难与堕落，同时对他们具有更较真切的理解；这些受害者们既承担了作为"历史"的主体，也是它的客体。① 看起来像是无能于做认知上的分野的事；事实上恰恰是认识到了：通俗的摩登反义词，它们经常并不是真正的对立事物。

在这个二十世纪里，每一个组织性压迫的情势演示予我们的是：真正的反义词总不外乎是被排斥的部分相对于被包容的全体——不是雄性质地和雌性特质的对立，而是它们二者各自和雌雄同体的对立；不是过往和当下的对立，而是它们二者各自和**无时性**（timelessness）的对立——在那当中逝者即当下，当下亦逝者；那更不是压迫者和被压迫者的对

---

① 这句话可能好像从卢卡奇处（George Lukacs）借来，但这绝对不是企图把压迫者理解的人类困境放置在文化和时间之外。这个想法和一些在马克思主义框架里对葛兰西（Antonio Gramsci）的著作进行的解读比较接近。

立，对立的是把他们二者与将他们齐齐转化为共同受害人的与那种**理性**的对峙。

以他个人特异的方式，奥罗宾多确曾试图代表他的文化做了上述的认知。如果把英吉利的言语和十九世纪西方社会批判所通俗化了的范畴都琐末化的话，我们也许可以说：在称为印度的这个混乱之中，题旨的相对性不因为它的互为排除而构成悖反议题。题旨真正的"敌人"被认为是存在于综合题旨之中，因为后者包涵了前面的题旨，也终止了它们存在的理由。"商羯罗阿阇梨的吠檀多"（Śaṅkara's Vedānta）却恰恰明显地印刻了佛教教旨，是它终止了佛教之作为一个在印度的活信仰，造成这效果的却恰恰不是婆罗门的正统，也不是任何国族支持的反佛教意识形态。① 成败姑且不论，奥罗宾多确曾试图发展出这种样式的对西方的响应。

纵然这个观点碰巧植根在古代智慧及其传承的宇宙观中，但只有长期不断的受害经历才可以给予这么一个生命观

---

① 透过稍为延伸 Madhav Deshpande 的分析，我们可以看到综摄（systhesis）这个理念在这里可被理解为 Vedānta 和 Bhaṭṭa Mīmāṁsā 所称的"一个较高层次的认知"——它有能力去判断一个更早的有效认知（paratah aprāmāṇyam 和 svatah prāmāṇyam）之错误。见 Deshpande 的 "History, Change and Permanence: A Classical Indian Perspective" 一文，收入由 Gopal Krishna 编的 *Contributions to South Asian Studies I* 一书（New Delhi: Oxford University Press，1979），第 1—28 页，特别是第 3 页。

以如许的深度。

这些受害者是受害于一种超级雄迈、成年优越、历史主义、客观挂帅和超级正常的文明。他们一方面借了向统治者的刻板印象要求合致，借过度强调自身与权势所在所共有的面相来保护自己；另一方面，这个深度的发生也由于受害者在他们内心的某些角落在在呵护着一种秘密的抗议，这种抗议不但使胜利者对败北族的看法变成荒诞的东西，它也把胜利者默默深信自己比陷身在历史的错误一边的受宰制者，在道德与文化上优越的那种无言信仰变成可笑的东西。

几乎是不知不觉地，我竟走回到了甘地。他是极少有的成功地在政治上阐明了那种在不列颠统治下仍维持着不被驯服意识的人当中的一个。他把关于印度人是否伪善的辩论转化成了不列颠人自我怀疑的平行文本。姑且不论他不时令人感到刺耳的道德主义，他认识到了：一旦确立了一个没有输方和赢方的帝国主义这个理论的主制（hegemony）地位，帝国主义就不但在道德的基础上输掉，也在认知上失势了。

对一干吉卜林们，这则是一种威胁。他们一厢情愿地希望看见殖民主义能成为某些文化优越于其他属次劣者的一种道德立说（moral statement）。为了这个理由，他们甚至于情愿有人有权力去主张印度文化比西方更优越。文化相对主义本身也并不是必然无法跟帝国主义匹配的呢——只要一个人的文化范畴是支撑在政治、经济和科技的威势上面的话。

　　针对他们的想法，甘地在两个层面上进行了破坏。他承认殖民主义是一个道德性的议题，而且借了基督教的种种价值来评断殖民主义，从而将战斗带回到了吉卜林的家国；他对它做出了结论，也确定地认证了它之作为纯粹的罪恶这个宣告。在另一个层面上，他对殖民主义之所得与所失也进行了他"古怪的"认知性评估，并将它们作为他对摩登质地（modernity）进行批判的一部分，结果他也发现不列颠既在道德上也在理性上都未达要求。这样子，他威胁到了统治文化的内在认受性，也一刀剖开了每个吉卜林和半吉卜林的私己创伤；对他们而言统治之为物曾经是以历史的较高道德性之名来遮掩掉一个人自身德性的工具，而这种德性又被视为是人类理智的一种体现。

　　一个天真的法国帝国主义者曾就非洲的状况如是说：

　　　　我知道我必须以我的血统为傲，当一个超绝的人不再相信他自己时他就真的不再超绝了……当一个超绝的种族不再相信它是上天的特选种族，它就真的不再是一个特选的种族了。①

————————

　　①　Psichari-Soldier-of-Africa，引自 Aimé Césaire 的 *Discourse on Colonialism* 一书，由 Joan Pinkham 翻译（New York: Monthly Review Press, 1977），第 29 页。

　　甘地攻击的就是这种不安、脆弱的被特选性，针对它的道德框架，以及它的认知架构。

　　在这方面，跟其他那些也认为殖民主义是一种道德立说，而攻击吉卜林一族的人比起来，甘地是不一样的。对那些人而言，最终的德性仍然是"历史"。他们认为殖民主义的不义性已经被一种作为进步之工具的殖民主义历史角色予以缓和了：摩登意涵的历史也已隐然地接受了殖民权力的文化优越性——或至少有其较高的文化层次，它们如果不是透过由一个更健旺的文化影响而发动的文化复兴（有如许多十九世纪印度的政治、宗教改革家及我们世代近年的摩登主

　　在印度人里，可以在下列的文章中找到对此觉察的一些元素：Rammohun Roy 的 *The English Works* 一书，卷一至四，由 Kalidas Nag 和 Debojyoti Burman 编（Calcutta: Sadharon Brahmo Samaj, 1945—1948）；Bankimchandra Chatterji 的 *Racanāvalī* 一书，第一和第二册（Calcutta: Sahitya Samsad, 1958）（特别请见"Ānandamaṭh"一文，第 715—788 页）；Swami Vivekananda 的 *Prācya o Pāścātya* 一书（Almora: Advaita Ashrama, 1898）和 Nirad C. Chaudhuri 的 *The Autobiography of an Unknown Indian* 一书（London: Macmillan, 1951）。当然，Rammohun Roy 和 Bankimchandra Chatterji 未必完全适合这个讲法。尤其是前者，他曾生活和工作在一个可以想象把科学的、历史的和进步的理念契入印度的传统、作为她内部的批评主义力量的社会。他无法想象另一个时代摩登性会统摄了世界，且把一切非摩登的文化和非摩登西方边缘化。他是一个文化上比较有自信的年代的产品。这个看法对查特吉而言也是适用的。

义所描绘的），就是透过向着羽翼丰满的自由主义或共产主义前进的现代资本主义的成长（有如功利主义者和马克思般地）。[1] 这一干看法事实上无疑是对各种吉卜林们所推广的殖民理论里的主要公设（axioms）进行了背书。

针对它，甘地重新首肯了一种自主性世界观，他拒绝将种种事实跟各种价值割裂，也拒绝把殖民主义看成为一种进向高值存有的、自身却不道德之通路。他不采取按西方的尺度去对着干的方式；相反，他支持把摩登西方视为许多可能的生命型态之一的那种非摩登印度人的解读。可惜的是，这种生命型态对西方和印度而言成为了癌毒性的东西，恰恰因为它们的超比例的有力和扩散。

在印度传统中最强劲有力——也最怪异不类——的摩登性之敌人就是这样子的觉知；它既不是对西方的“激进”批判，也不属于对印度激越的自我肯定。摩登性，有如摩登科学，可以和任何东西共存；它不能兼容的是一种衰竭的位势，以及一种限定性的、坚守旧有信仰的社会角色。

这样的觉知容许圈内人和外在者都能定义或重新定义印度，且同时拒绝强迫非摩登的印度人改变他的优先选项，同

---

[1]　Cabral 在非洲的脉络中也表达了相近的看法。见他的 "Identity and Dignity in the Context of National Liberation Struggle" 一文，收入 *Return to the Source* 一书，第57—69页。

意或不同意各式印度人或非印度人所持的种种片面的想法。这正是这个文化得以维护它的核心的另一系途径——通过运用下面两者之间各自持续其意图的辩证：一些小群集和个人持续尝试去定义印度质地，相对应的，大集体则兀自天天过它们的日子，把那种种定义当作是似乎无关宏旨之事。没错，在传统上，印度人创造力的主要案例和印度质地的主要展现大多来自于对国族与文化自觉甚渺的各种印度意识面相。但同样真切的，它们也可以——频率较低地——来自于文化的边缘，来自于那些能在他们个人生活或个人表现上捕捉到自我定义和非自我意识（unselfconsciousness）间文化性张力之某些东西的人。①

————————

① 我曾经研究过两位印度的科学家和他们的内生性的科学创造力。其中一位拉马弩金（Srinivasa Ramanujan）是属于第一类；而另一位博斯（Jagadis Chandra Bose）属于第二类。在我书写那本书的时候，我主要是比较能同情拉马弩金。他好像需要在摩登世界里被保护。他受到较少摩登世界的污染，也——恰因为这个特别的原因——因此对它是天真的。但博斯则利用了他敏锐的知识触角，至少能操控他自己步履的方向。我现在已不再对这个看法有所肯定了。我发现，拉马弩金竟不是特别易受伤害的；而博斯也不是特别的不真切的。博斯在他的科学中去处理种种文化的问题是真实和及时的。而他，同时也是脆弱的。在他穿越于摩登科学的无情世界，一步一步协商而行时，他所面对且不得不克服的是混沌的居间者（liminal man）引发的恨意；它们却不是来自真正的外国人（proper alien）的。见阿希斯·南地的 *Alternative Sciences: Creativity and Authenticity in*

"兴都人"这个语辞——T.N. 曼丹（T. N. Madan）近来再次地提醒了我们——先是由穆斯林们用来描述所有未曾改奉伊斯兰教的印度人的。只有到了近年兴都人才开始用"兴都人"这个词来描绘他们自己。①

职是之故，这个特定的表述存在了它内建的矛盾：用兴都人这个词来自我定义恰恰是在藐视兴都人传统上的自我定位；而强力地首肯一个人的兴都信仰则几近乎否定了一个人的兴都质地（Hinduness）。[泰戈尔写的小说《哥拉》（*Gorā*）——可能是根据十八／十九世纪之交的国族主义革命家博瓦尼·查兰·班纳吉（Brahmabandhab Upadhyay）的一生而写——它迄今仍然是对这样的妥协，以及印度中产阶级内在的文化与心理困境的最权威研究。②]所幸大部分的兴都信仰者们活了多个世纪都没有这种自我意识；他们俨然

Two Indian Scientists 一书（New Delhi: Allied Publishers，1980）。

　①　见 Mckim Marriott 的 "The Quest for Hinduism" 一文，收入 *International Social Science Journal* 一书，1977 年，19 卷 2 期，第 261—278 页。这么一个开放的、流动的和文化的自身定义的其心理学上的相应物的即是 Mckim Marriott 所说的 "液态"（liquid）真实的自身。见他的 "The Open Hindu Person and Interpersonal Fluidity" 一文，未出版，曾于 1980 年的亚洲研究学会年会上发表。

　②　泰戈尔的 *Rabindra Racanāvalī* 一书（Calcutta: West Bengal Government，1961），第 1—350 页。

无求乎一种单一的兴都信仰概念。一直要到十九世纪才出现了一些摩登主义的兴都宗教改革家，在他们之后才有了另一种想法出现。响应了他们勇武统治者们的信念，这一干改革家进而间接地基督教化了他们视之为软弱的兴都信仰。果不其然，这些摩登兴都信仰者认为当代的兴都信仰不是从来就次劣于各个闪族的教义的，它是一个曾经极盛而转衰，却仍有无穷可能的宗教。藉此，他们试图改良兴都信仰者并摩登化他们的信仰。他们因而去追寻一种作为兴都人的族群感，加上一种作为一个社群的历史感。①

　　不论好坏，主流的印度文化学会了以不同的方式处理政治败北与不稳定。但由宗教和国族重叠处滋生的社群感或历史，它们则从来就不曾是印度人自身存有（selfhood）的重要构成成分。这个文化大体上已经回绝了摩登西方强加于它——经常是透过印度自己的摩登发言人行之的——的国族自我意识。相反的，这个文化——针对着改宗的、宰制的、屈从于文化进化的各种现世或出世宇宙观——借了突出印度人是妥协性的这个理念来保护它自己：它宣称他有一个流动性的自我定义，而且他愿意无条件地学习他文明的弟兄们的

---

　　① 见本书的第一部分。也可参考笔者的 "Psychology of Communalism" 一文，收入 *The Times of India*，1978 年 2 月 19 日和 "Relearning Secularism" 一文，*The Times of India*，1981 年 2 月 20、21 和 22 日。

各种方式，只要这种学习有好处。有些文化特性既可以用来做民族心理学的范畴，也可以用来做保护性的刻板印象。于是乎，像其他身陷在压迫性体系下的诸文化，印度人也并不屈从于雄纠纠对抗的那种主宰性观念，也不去进行抗争——特别是如果要付的代价太高的话。[①]但他维持住了他潜在的反叛性，甚至将被别人扣上的刻板形象转化成有用的遮护和求存的工具。兴都国族主义的另类出路毕竟是古典及俗民兴都信仰以及大部分印度人——兴都和非兴都一样——生活于其中的、非自我意识兴都信仰的奇特混合。吉卜林最痛恨的就是这个**混沌性**（liminality）。最伟大的印度社会与政治领袖们，在过去两个世纪中构建了他们作为印度人的自我定位，却恰恰就在这个**混沌性**上。[②]

我们能给的再好不过的例子毋宁是甘地政治风格中民俗兮兮和正经八百的"滑稽"与"荒诞"混合，加上"有效抗争"和"最低对抗姿势"的**伪善**性搅和。不时有人将他与查

[①]　参见 E. D. Genovese 的 *Roll, Jordan, Roll: The World the Slaves Made* 一书（New York: Pantheon，1970）；以及法农的 *The Wretched of the Earth* 一书。

[②]　这些领袖们曾部分地面对处理过印度非批判诸传统中的一些问题；Pratima Bowes 好像曾在她的 *The Hindu Intellectual Tradition* 一书中写过这些（New Delhi: Allied Publishers，1977）。

理·卓别林（Charles Chaplin）或米老鼠相提并论的这个人，可真是不如人们希望的那么端庄的哩！扬·史末资将军（Jan C. Smuts，1870—1950）这个南非的首相和甘地最坚定的敌人和仰慕者，在等到甘地离开南非后，他那既厌烦又激恼的发声正不经意地承认了这种混搅的力量。"圣人离开了我们的海岸"，他说，"我真心希望他一去不回"。

下面是理查德·兰诺依（Richard Lannoy）靠了各处搜集片断拼凑成的"抗盐税巡行"（Salt March）①的描述：我希望它能提供关于摩登印度的史末资和他的徒子徒孙们之所以被激怒的线索，这些都事关一个人和一种方法，它（他）非但拒斥了刹帝利智，同时也似乎排开了婆罗门智：

> 抗盐税巡行透过许许多多悲喜剧式的事件讲了它想说的东西……

> 甘地用了二十四天从他在艾哈迈达巴德（Ahmedabad）的隐居地（*ashram*）走到二百四十一英里外的海边去拣拾盐粒，为的是针对不列颠王公（British Raj）统治下对农民产生摧毁性影响的重重盐律。在违逾了那些法戒之后**他才从行动中退下**……

> 在抗盐税巡行的背后是年复一年的耐心筹

---

① Salt March，另译为"食盐进军"。——编者注

备……非暴力消极抵抗（译按：不合作运动）者们（Satyagrahis）被教导怎么从全然的柔弱中获取力量，或者，随对方怎么说，**什么事都不做**……

　　在热带气候下，盐是维持生命的要物，甘地已经有六年时间拒绝进盐了。进一步，他宣称他有意写信给他"亲爱的朋友"印度总督欧文勋爵（Irwin），亲自去犯法……

　　甘地缠上缠腰布和七十八个不同肤色的伴行者们步行去拣拾一小撮的盐，即令是在 1930 年，这也是个令人迷惑的时空倒错的景象。这个巡行是要坚持到印度和全世界的目光聚焦在这个六十一岁的衰竭老人身上，他蹒跚地在三月的暴烈骄阳下移步踽行……"在抗盐税巡行中他完全进入了新闻短片和纪录影像的世界；从此开始，我们经常会瞥见他的一个精力旺盛的富有动势的形象，闪烁在黑白片中，像查理·卓别林似地不时闪现出异趣与耀目的光景"（阿瑟所言）。"甘地走着走着，统治当局则静静地在崩塌，接着有三百九十个乡村的首长集体辞去了他们的职务"（阿瑟所言）。

　　……"甘地一步步走着，一群友人伴着他；那

175

真是一种了不起的反高潮（anti-climax）。没有欢呼、没有高喊，完全不是那种威仪的行进；要加以形容的话，它反倒有几分搞笑……在那个所在，人们目见历史在一个奇异的反高潮方式中出现；这一切完完全全是非欧洲式的，然而，非常非常感人……"（波尔顿所言）

当他们到了丹迪（Dandi），他们扎营了多日，每天吃焦干的谷子，半英两的油脂和两英两的砂糖。4月6日晨曦时，甘地起身，在海中沐浴，接着走向天然的盐床。摄影师们已全然就位，他拾起一撮有叛国之虞的盐粒，递给了身边的人。沙拉金尼·奈都（Sarojini Naidu）呼出："向递送者敬礼。"接着他回去干别的事去了。

这个新闻瞬间传遍世界，印度在几天内进入骚动，好几百万人在这土地的每一个角落自己整备食盐。从卡拉奇（Karachi）到马德拉斯（Madras，现称为"金奈"），境内的各大城市都有风起云涌的抗议示威，罩上面纱的妇女们也纷纷上街进行抗争。不列颠当局的统治机器用极端暴戾的盲目、错乱的行动回应。军队和警察似乎催眠似地反应为手足无措。印度人被痛打，被脚踢鼠蹊部，被狠咬手指，被警佐们报复性地射杀，他们更被骑兵冲击，摔跌倒地，躺在马蹄之下……六万到十万个非暴力抗争者被捕下狱；除了在吉大港（Chittagong）、班加里（Bengal）的一个小意外，没有任何印度人诉诸暴力。甘地本人在丹迪附近的一个营地的树下睡到半夜被捉送监。他被关了八个月；释放当天，他签署了甘地—欧文（Gandhi—Irwin）协定；此后，政府当局放弃了各种压迫手段，释放了所有监犯。就是在这状况下……尼赫鲁（Nehru）放声大哭。

……路易斯·费希尔（Louis Fischer）在他结束他抗盐税巡行的纪要时，作了这个简明的评论："印度现在是自由了；但在技术上、法理上什么都没有改变。"①

在另一个层次上，兰诺依**确曾**捕捉到了印度这种"犹犹豫豫、停停走走"风格的创发性攻势的精神所在：

---

① 见 Richard Lannoy 的 *The Speaking Tree* 一书，第 400—407 页；Geoffrey Ashe 的 *Gandhi: A Study in Revolution* 一书（London: Heinemann，1968），第 286 页；Glorney Bolton，收入由 Francis Watson 与 Maurice Brown 编的 *Talking of Gandhiji* 一书（London: Longmans，Green，1957），第 58—59 页。

任何事情都永远是误入歧途，不管是在不合作运动或神话当中，……令人不能不总结到：甘地式的不抵抗斗争异样地容许了将种种的挫折蜕变成为与季默（Zimmer）讲的"奇迹式进展"相契合的东西，在一个又一个危机处理间震撼着整个运动。季默把这种在《往世书》的（Puranic）神话中类近的"蒙混过关"，归因于一种对竞敌诸势力的根本性质所具备的穿透性了解……终极地……这立基于……对苦难的承受……在印度的一些特定的条件下，这种"消极性"恐怕是更为有效的……①

让我们用《印度之旅》（*A Passage to India*）一书中一个英吉利角色的话来总结，或许是受到了在印度所经验种种的影响，她说道："失败有很多不同的种类，它们有些是成功的。"

有不少社会分析者试图在印度某些文化题旨或它的型构中进行寻绎印度文化的特异之处；作者也是其中之一。这还不算是完全错误的尝试，因为它毕竟引导出一些半真半假的东西；其中之一就是代替印度人把过往与当下，兴都与非兴都之间划下楚河汉界。但是，我已经提出了：西方的侵凌性有时是内在的；诚挚、自我表明的在地人同样的也常是一个

---

① 见 Lannoy 的 *The Speaking Tree* 一书，第 404—405 页。

外在的范畴；而一个自己肯认的兴都人，就根本不是那个兴都人。说不定，印度文化的独一性并不那么在于一个独有的意识形态，而是在于这个社会与文化的种种暧昧不明之共存能力，它们被利用到在面对文化入侵之际，建构种种心理学上和玄学上的防御。也恐怕说不定，这个文化本身要求在一个人的自身意象中维持一种互通的渗透性；自身与非自身（not-self）能不被太严密地定义或机械性地予以分割。这是存活策略的另一个侧面——印度破殖民（post-colonial）世界观的隐索。我要在下面予以讨论。

我记得伊凡·伊里奇（Ivan Illich）曾经详细描述；一群十五世纪的阿兹特克（Aztec）僧侣在被他们的西班牙征服者当作巫师赶聚在一起，他们对基督教的诲训响应说：如阿兹特克的诸神真如他们所讲的是死掉了，他们情愿也去死。在最终的抗拒行动结束后，这些僧侣们就尽其本分地被丢到争食的恶犬群中了。

我猜我知道面对同样的情境的话，换了是一群婆罗门僧侣的话，他们会怎么应对：他们所有人都会去信奉基督教，而且他们之中甚至也会有人共同起草一份雅致的文牍（praśasti）称颂外来的统治者和他们的诸神。这不是说他们要一夜之间变成虔诚的基督徒，最有可能的是他们对兴都信仰的信心会维持得不伤一发，而他们的基督性在过了不久之后看起来会危险地类近于一种兴都信仰的变奏。然而处在**危殆条件下要如何存活**（*āpaddharma*）和**每一个存有无不同**—两个原则———一个好心的摩登弗洛伊德主义者曾将之称为一种在极端自恋下生成的投射性外展之玄学关联 [1]———之下，他们向外来的诸神折腰似是完全可加以辩护的；公开地放弃他们的文化和过往也同样是十足有理的。兴都信仰者传统上感到有保护他们文明之责任，但它的承担不在于成为自我意识，乃在于如何对他们的征服者的传教狂热进行创造神话的理解，从而将征服者布教的狂热给解消掉。看起来好像是在进行西方化的举止，其实是驯化西方的手段；常常可借由它来把西方矮化到滑稽和琐末的层次。有如兴都的《往世书》（*Purāṇas*）似乎一再提示的：对具体个人的虔信及不朽而言，盲目、直接的勇武虽可被接受，但用它在保障集体生存时就不可以了。[2] 此外，恐怕还存在了一种感知———在更

———————————

[1] 见 Philip Spratt 的 *Hindu Culture and Personality* 一书（Bombay: Manaktalas，1966）。

[2] 例如，我们可以完全按照这些理脉，去阅读有关在圣雄史诗里奎师那（Kṛṣṇa），另译为黑天的各种政治的和社会的选择。我们或许也可能在有关对婆罗门（Brāhmaṇs）的供养和保护之传统责任中———以及给予遁世者如奥罗宾多以析离与循常创造力的责任里———找到更重要的线索。有关这个线索，见 Louis Dumont 的 *Homo Hierarchicus* 一书（London: Weidenfeld and Nicolson，1970）。

正典的文本给予的认受之下——认为酒神式的作为可以予以内化，从而为智者约制；不需要总是把它当作外在的势力和它进行战斗。

> 一个在自身中得见大千，在大千中得见自身的人；
>
> 缘此识见，无忧无惧 ①

在一个较尘俗的层次，我们所设定的婆罗门会去分割他们的各个人格。对他们而言，能够改宗和被羞辱的那个自身早已被当作是具另外一个人的**自身**（self）的人，或者成了有别于自己的一个什么**别人**了。这个自身已从一个人当中被抽象、疏离掉了；这种一个人自身的分割，使得主体成为他自己的客体，同时把他从他承受的羞辱及暴力中，从他自我"构成的精髓"中切割了开来，从而保护这个人的神智，使得他能清明地存活下去。② 这是一种存在的尝试，试图借引

① 见"Īśpaniṣad"一文，收入由 Atulchandra Sen 编的 *Upaniṣad* 一书（Calcutta: Haraf，1972），第 130—155 页，特别是第 138 页。

② 第一次面对集中营时，精神病医生埃利·科昂（Elie Cohen）发现他自身也会出现同样的分割。见他的 *Human Behaviour in the Concentration Camp* 一书，由 M. H. Braaksma 翻译（New York: Norton, 1953），第 116 页，引自 Terence Des Pres 的 *The Survivo: An Anatomy of Life in the Death Camp* 一书（New York: Oxford University Press，1976），第 82 页。"自我构成的精髓"的意念则是来自欧文·戈夫曼（Erving Goffman）。它的涵义和本文分析中，所用的印度性核心的较松散意念定义相似。见戈夫曼的 *Asylums:*

发一个人内在的心身性状态（psychosomatic state），使得一个人的当下能部分地如入梦域或失实。因为，"为了要存活和保持人性，苟活者得活在世界里面，而不是成为它的部分"。① （在最终的分析上，这是印度精神信仰针对西方的主要心理学响应之一，不管它的玄学内涵如何。我们不妨用存有意识（existential consciousness 和 ātman）和特质意识（attribute consciousness，摩登心理学者主要的研究）这两者的古来分野来观察：大部分印度精神信仰的学派都赋予控制性的内部分裂以正面意义，认为它有助于一种特定的、原实的现实主义，而非威胁了精神健康。[而且，借用阿南达·库马拉斯瓦米（Ananda Coomaraswamy）的话来用到一个完全不同的意味上，它帮助了我们去掌握命运和超越必要性，"成为对所有时代和万物的目击者"。②]

　　就我们所知道的而言，印度人之被设定为对现实把握不

Essays on the Social Situation of Mental Patients and Other Inmates 一书（Chicago: Aldine，1962），第 319 页。戈夫曼称整个过程作"次级调整"。这牵涉到拒斥那个被整个制度或情境所强迫加上的自身。

　　① 见 Des Pres 的 *The Survivor* 一书，第 99 页。

　　② 见 Ananda K. Cóomaraswamy 的"On the Indian and Traditional Psychology, or Rather Pneumatology"一文，收入 *Selected Papers, vol.2: Metaphysics*，由 Roger Lipsey 编（Princeton: Princeton University Press，1977），第 333—378 页，特别是第 365 和 377 页。

足，自我纤弱，容易随政治威势移转，在种种社会情势中的暧昧不明等等——不管这些被视为的东西是多么根深蒂固地存在于传统的教养、训育之中——它们无疑也是多少代人在种种生存困境及文化经验中存活所不可避免实行的逻辑。如将这个逻辑对照于别个时代其他受害者的经验，这些印度人的"人格败北"可以说是另一种征示成熟的警讯；一种面对人为灾厄的尖锐本能或快速反应。[①] 它们不但不是来自于"对权势的根本屈就"——这戳破了一大串吉卜林们为帝国涂脂抹粉的托辞——相反的，它们源于对生命的某种虔信与天分。[②]

兹借用吉卜林娓娓道来的对他自己在英格兰压迫性童年纪录中栩栩如生的图像来看，有些人是命定要像被猎之兽般的存活亘长的一段岁月，无时不在惊醒之中期望逃脱狩猎者之罗网。[③]

自从摩登西方和非西方世界照面以来，阿兹特克僧侣们似乎成为了西化世界里勇气与文化自尊的楷模，而假设性

① 见 Halina Birenbaum 的 *Hope is the Last to Die* 一书，由 David Welsh 翻译（New York: Twayne，1971），第 103 页，引自 Des Pres 的 *The Survivor* 一书，第 87 页。

② 参见 Gita Sereny 的 *Into That Darkness* 一书（New York: McGraw-Hill，1974），第 183 页。

③ 见 *Stalky's Reminiscences* 一书（London，1928），第 30—31 页，引自 Edmund Wilson 的 "The Kipling that Nobody Read" 一文，第 22 页。

的婆罗门僧的响应则代表了虚伪及胆怯。尽管如此，问题仍在于何以每一个印度社会的帝国主义观察家都热爱印度的武勇族群，却对其他愿与其征胜者妥协的印度"纤弱"男人不但痛恨，且深感威胁呢？后者之所以引起这么大的反感，到底是所为何事呢？如果他们居然是那么的令人不足挂齿，为什么印度的征服者们要对他们这么在意呢？为什么他们能那么毫不费力地变成他们统治者的反义词呢？为什么有那么多的摩登印度人接受这种帝国主义者的评断呢？为什么他们以那些在抗争败北的人为尊，而不是为那些屡败屡战者感到骄傲呢？

在一个层面上，答案很简单：阿兹特克的僧侣们在他们最后的英勇行动后，全部被杀，把舞台让给了杀害他们却颂赞他们的人；而不英雄的印度回应却使得舞台的一部分仍被那些"胆怯者"和"妥协者"占住，令他们在等到机会来临时就再宣示他们的存在。此外，阿兹特克僧侣还有另外一个好处：他们给充当殖民主义步卒的殖民社会低层民众提供了一个好的先例——也肯定了他们的世界观。换言之，阿兹特克僧侣们浅近的勇气是包含了某些人的既得利益在内的。

但是，这个问题还可以有别的答案。有此一说：一般的印度人总是活在长期受难的自觉与可能之中；他们总能看到自己可以用弱者和受难者被动、"雌性"的智巧去保护一己最深邃的信念；他们拒绝过度演示他们的自主和自尊，俾在外来的各式压力下存活。在最勇敢的时候，他们就成为了不抵抗主义者，用兰诺依所谓的"完全纤弱"打造了叫做不合作运动的半强制性武器。在非英雄性的日常生活中，他则是一个纯粹的苟活者；看起来他虽然像是全貌性的妥协，但他拒绝在心理上被收编，被渗透，被淹没。他的反应好像是在说，**败北**是灾难，胜利者强加的种种方式也不例外；但更糟的是丧失了一个人的"灵魂"，而把一个人的征胜者给内化成了自己；因为那样的话，就会强迫一个人遵照征胜者的种种价值——且在他默认的异议的模式内——和征胜者对抗。他情愿做一个滑稽的异议者，也不欲变成一个有力的、正色的和可被接受的敌手。[1] 他情愿做一个被称为任何状况下都不值得尊重的令人痛恨的敌人，也不当合格的敌手，或被迫不断地对那个体系做"各种重大调适"。[2]

　　为了真正地活着，印度质地不可侵犯的核心似乎首肯

---

　　[1]　有趣的是在印度的有组织的伊斯兰教徒经常害怕自己会失去其名分。在印度，主宰伊斯兰教的意识形态经常拥有一种自信——认为它们有把握坚持自己以和兴都信仰在治国术和军事的超凡能力方面对抗；它经常害怕会被兴都信仰每天生活中的缓慢，如催眠的安静性治国压倒或陷入困境。民间的伊斯兰教从者则从来没有过这样的恐惧——因为他们很大程度上和民间的兴都信仰分享着同一个世界观。

　　[2]　见 Goffman 的 *Asylums* 一书。

了：有时情愿在别人的眼里是死的，也要对自己而言是活
的。为了接受自己，一个人必须学会信赖"纤弱"；因为一
个暴戾的、文化上不育（barren）和政治上破产的世界有一
天可能会掉过头，重新回来。

VI

……民族解放必然是一个文化动作。

——阿米尔卡·卡布拉尔（Amilcar Cabral）[1]

在动物的王国，规律是：吃或被吃；人类的王国：定义
或被定义。

——托马斯·萨斯（Thomas Szasz）[2]

如果作为读者的你感觉到以上所述是没有定论的、旧式
的，或许你可以把这个后记当作是讲这个故事的寓言。

我在不同的标题之下检视了知会（informed）殖民及后
殖民时期关于东方和西方大部分论诘的四个对照组：普同的
相对于地方的；物质的（现实的）相对于精神的（非现实的）；

---

①　见 Cabral 的"National Liberation and Culture"一文，第 43 页。

②　见 Thomas S. Szasz 的 *The Second Sin* 一书（London: Routledge and Kegan Paul, 1974），第 20 页。

成就的（演示的）相对于非成就的（非演示的）；清明的相对于不清明的。①

　　我也碰触到了贯穿上四组的第五组：自我意识定义明确的印度质地相对于流动不居的自我定义。

　　在一个层面上，我试图说明——如果中心的问题是应付或对抗压迫而不是对一个文明作学究式理解的话——这些两极是会碰头的。在另一个层面上，我也试图说明：地方的、精神的、非演示的和不清明的有时也可以变成是普同的、真实的、胜任的和清明的另一个更佳的呈现（或不同

---

　　①　最后的两个对照组并不那么地对立；如果我们还记得福柯的构思——对精神病患者的监禁和对犯人的监禁，两者都是和游手好闲者的监禁有关——是用来对付那些反抗摩登工业工作中种种压迫的人的。见 *Madness and Civilization: A History of Insanity in the Age of Reason* 一书，由 Richard Howard 翻译（London: Tavistock，1971）第二章；和 *Discipline and Punish* 一书，由 Alan Sheridan 翻译（Harmondsworth: Penguin，1978），特别是第三部分。见 Szasz 的 *The Second Sin* 一书，第89页：

　　在各种被分类为得精神疾病的人中，有两个极端不一样的种类——心理治疗师系统性地对它们不加分辨，一再混淆。其中一种是一些能力不足、没有技术、懒惰或愚蠢的人组成的；简言之，即是不堪用者（不管其意义的相对性如何）。另一种是反对者和革命者——他透过罢工去反对他们的亲戚或社会；简言之，即是不屈从者。

　　因为他们没有去区分这两个组别，众心理治疗师经常把不堪用归因成为不屈从，反之亦然。

版本）。

　　无论如何，不管在这两个层面的哪一个上面，我既没有试着去颠倒这些标准的刻板印象以创造一个非理性、神秘性和世界性的新浪漫意识形态，我也未曾试图认受一个民众主义意象之全知的普通人。此处我的关怀是非英雄性的和经验性的，不是英雄性的和哲学的。我的主张是：当心理和文化的存亡事属生命攸关的时候，我们讨论的这些个两极性会被化解，它也变得在某种程度上不相干了；而经验种种不堪及对灾厄实时对抗的直接性则贯穿了所有的层面。当这发生时，在受难者的内里对较大的整体出现了一种模糊的感知，它超越了这体系的分析性范围，同时（或者）把它们给颠倒了过来。于是乎，受难者在压迫下可能变得意识到地方性可以比传统的普同主义更能成功地保护某种形式的普同主义；弱者的精神性可能比那些活在没有愿景世界中的超级物质主义更能阐联或养活一个非压迫性世界的种种价值；不求成就者和不清明者可能常有较高的机会企及他们自由与自主的文明目标，他们毋须拿他们的理智去作为典当的抵押。

　　我暗示的是：这些悖论之所以不可避免，因为理性这个宰制性的概念是任何制度性压迫之能够构造成功所必先加以收编的第一股意识。当这个收编发生的时候，反抗和图存则要求对较大的整体有通达的管道；不管这个过程在日常政治及一般性认知上看来是多么的像是自毁自败。这，我疑心，是换个方式重叙故智（ancient wisdom）——它对某些文化而言也早就是老掉牙的常谈了——没有伦理的知识是次劣的知识，甚过它是恶劣的道德。

关键译辞讨论

Alternative：译作另翼。Alternative 意味的是替代性的东西，是由形容词转为名词之用的。它主要是针对主流的种种宰制而提出异议，同时指出另外的可能与出路。过去，它大多被译为"另类"；但此词似已被过度使用，过于浮滥，失其意旨。十年前我与张少强多次辩论后，我决定采用他的译法"另翼"。[①] 一方面，这译法指出了在主宰性认定外的另一种旨向；同时，这也针对主宰的流行，在不否定它的存在的同时，结构地强调了有别于它的另外侧面的存在与重要性——即翼是不能只有一侧的，不管有多少对翼，每一对翼都是成双的、有它另一翼的侧面和对应。

① 详见张少强和周燕如，1997 年，《另翼生计空间的开创：一组街头小贩营生践行的案例研究》，载于罗永生编的《谁的城市——战后香港的公民文化与政治论述》，香港牛津大学出版社，第 141—160 页。

Apollonian、Dionysian：译作阿波罗式的和酒神式的。它们是一对哲学性的二分范畴的代号，起源自希腊神话。使用这对代号者包括普鲁塔克（Plutarch）、尼采（Friedrich Nietzsche）、荣格（Carl Jung）、卡夫卡（Franz Kafka）、本尼迪克特（Ruth Benedict）、托马斯·曼（Thomas Mann）、赫曼·赫赛（Hermann Hesse）等人，不一而足；他们的用法也各有千秋：以日神阿波罗来代表音乐诗歌，来对比酒神的狂喜和醉唱，来影射光明／黑暗、文明／野蛮、个人主义／集体主义的对比等等。最被引用的是尼采在 1872 年《悲剧的诞生》中所使用的对比，而后来尼采在其他的作品中也有作更进一步的发挥；但更重要的是，他认为自希腊以降，这两种典型间的交融就已沦失了；其后注入的伦理和理性更进一步剥夺了悲剧的根源——即日神型与酒神型间微妙且脆弱的紧张与均衡。

Bengali：译作班加里语（人），这种语文不只是孟加拉人民共和国（People's Republic of Bangladesh）的官方语言；也是印度官方认可的语文之一。全球现时约有二亿一千万以上的人在使用。这种语言的使用者，有一亿人是在孟加拉共和国（Bangladesh）、八千五百万人是在印度的西班加里省（West Bengal）、阿萨姆（Assam）和特里普拉邦（Tripura）（其他的是在英、美、中东等地）。一般人将它译为孟加拉语是不精确的。鉴于这语文的历史，它与梵文的关系及深厚的、非国族传承，我特别把它与孟加拉国加以区别，把它译为班加里人及班加里语。

Caste：译为卡斯特。此一辞语过往中译为"种姓"，沿用迄今。但此中译负载的涵意从未清晰，使用方面亦因人而异，且常附带直觉的理解和投射，几近乎贬辞。为避免望文生义，卷入不必要的争论和误解，本书决定采取音译。在没有更好的译辞前，为它保留一个不视之以为当然的空间。

Contextualized：译为理脉化。Context 一辞本来是指言词的上下文；近年流行把它译为"语境"，实有不妥；这个译法是太强迫性、客观化，也太具强势的统摄性。如果言词的纹脉有理路的话，它指的只是那个文理的脉络，是故我把它译为理脉。若将文词放在一定的上下文理中，便称作理脉化。

De-Brahmanization：译作去婆罗门化。Brahmanization 一辞是社会人类学家 M. N. Srinivas 所创的。意指低卡斯特的个人或整个群体模仿较高的卡斯特（特别是婆罗门），使得其行止更纯粹、更正统的现象，包括：吃素，不放弃活体献祭，不准寡妇再婚等等。是他们透过这些改变以希冀（却难以企及）提高其社会层阶之地位的做法。另一个相关的概念叫 Sanscritisation（梵文化），指的特别是在仪式上向较高的卡斯特相合致的仿效行为，以及其心理动力与社会变迁形式。

De-Brahmanization，和 De-Sanscritisation，则指的是去翻转或去除这种行止与倾向。

Decolonization ／ Decolonialization： 把 decolonization 译成"去殖民"的话，其中的"去"是去掉的意思，和字前缀的 de- 不尽同义；但倘指把殖民这个政经体制去掉，我勉强可以接受，且流行已久，不尽之处也只好由它去了。至于 decolonialization 一辞则是我和武藤一羊（Ichiyo Muto）十几年前在运动社群中采用的；虽然用法不尽同，但也可以互通。主要是指祛除 colonialism（殖民主义）带来的文化、社会、心理、心智层面的东西。在南地的"再次（自我）殖民"的论诘中，他强调：即令殖民主子被赶走了，殖民体制却多只是改了名号，改以国族之姿出之；在极多的层面上——特别是被殖民人们的心智与言行中——殖民宰制或主制（hegemony）的事实并没有中止；代之而行的，可以是国族内部的再殖民或次殖民。南地的政治心理学论旨中特别指出的(被)殖民心智是殖民主义（colonialism）的遗患或并发症；是心中、脑里的鬼魅，不是把殖民主子或体制赶走就一了百了的。准此，deolonialization 要驱赶的不是人，是社会上下、人心内外的鬼魂；我把它译成"祛殖民"，正是驱鬼的意思。

Discourse ／ Discursive：译成论诘和论诘的。这样的译法也是有它的历史。目前通行的是把它译成"论述"且流行海内外，这应是一个蛮大的误失和不幸。把它译成"论述"的最大问题是在于它给了人一种一家独言、聆者听训的意象——这是否系中文理脉中的专制惯域（habitus）所使然呢？这个字中的 dis- 这个前缀，表示的是"否定""相反""分离""除去""剥夺"等的意思。相对于交往（intercourse 的前缀 inter-，intercourse 一词要加 sex 在前才是指性交），它明显是有相对性、挑战性、分离性等的意思。这是一种两造以上、相互诘问的进行状态，绝不是一人而为、自说自话的行止。过去，我们在香港为了强调这种特性，尝试将它译成"对诘"；但十余年来，我们体认到它对中文读者而言太过强烈、僵硬；我的朋友们已多把"对诘"修改成"论诘"。①

Enquiry（inquire）：译为寻绎。此词一向都很难以中文表达。过去，它曾被译为探索、探究、调查、询问……但都太实证及片面。通常，当我们把 inquire 用作动词时，其后的介系词／介词是 into，即 inquire 进入一个领域的意思。

---

① 见香港岭南学院翻译系"文化／社会研究"译丛编委会，1997 年，《译后余话》，《社会科学的措辞》，香港：牛津大学，第 216—217 页。岭南翻译系的译丛编委会特意在文中提及到他们对于 discourse 一辞之概念之理解和讨论，以及他们最后选用中译"论诘"的种种原因说明。

十余年前，岭南大学翻译系出版了一系列"文化／社会研究译丛"的书籍，在编委会辩论多次后，他们决定采用由罗永生建议的译辞——"寻绎"。这个复合辞，意味了这种认知行为的追寻特性，以及如抽丝剥茧般的爬梳整理之程序。

　　Hegemony、Dominance：Hegemony 这个辞，一般被译为"霸权"，这是很严重的失误，译者完全没有了解这个辞语在政治哲学上就权力关系及行使形势上进行替现的特殊意味。名词 hegemon 的意思是近似于盟主的一种权力地位，也与所谓的"称霸"的想象相去甚远。重要的是这个盟主的地位所建立的不是在暴力或武勇上面，其对盟下（内）成员的统摄形式恰恰不是孟子所言的"霸道"的东西；反而是近乎孟子所讲的"王道"——以"文明""教化"等政治与思想的手段，进行人心收编或软性的伦理操控的权谋运作。我曾针对"霸天下"这个意思，把这个辞试译为"王天下"；当然，这是彻底失败，无人愿懂！二十年来我苦思出路，发现我必须针对 dominance 这种真正霸道的控制加以对比，才能把它们加以区分。

　　Dominance 大多是暴力的施为与结果，历史上没有不流血的 dominance，死人是真正的手段，是故必定是"宰"制，其施为者是真正的进行这个"宰"的人——即主持杀人以为事者。

至于不宰人的控制，不是不控制别人，只是不用"宰"这个手段，不以灭绝被控制者的物理存在这个手段来达成统治的事实与维持。这个"主"持"控制"者似乎知道思想是枪毙不了的，而人心是只许麻醉或催眠的；是故他得使用和透过思想过程在及于人心的层面上达成和维持权势的层压关系，继续其再生产与加以维持稳定——这个人就是"主制者"，其行止就是我们说的主制（hegemony）。①

Hinduism：译作兴都信仰（主义）。一般人把它译成"印度教"会引起很大的误解。首先，这个信仰体系的历史是先于今日的印度(作为一个地缘政治的地区或国族体制的疆域)这个概念很多的，而其信仰者也不一定是一般被称的印度人或印度国族及其名分（identity）的认同者。最大的问题是，这个信仰体系的意旨和践行不但多样、分歧且变动不居，其与梵文传统的持续与传承也各有演化，各处不同；它和一般意义的"宗教"是很不一样的东西。以西方的刻板概念来理解它的话，它不但不是"教会化"[或统摄性的（systemic）]的宗教，反而是抗拒任何"教会化""宗派化"的民间信仰力量及其流转。印度殖民史及国族史中一再出现的、试图将

---

① 详见香港岭南学院翻译系"文化／社会研究"译丛编委会，1997年，《译后余话》，《社会科学的措辞》，香港牛津大学出版社，第219—220页。

它"教会化""宗派化"或"宗教化"的努力都是在它外面的东西，迄今也无一成功，未能将之取代。

将 Hindu 一词指涉到一种人群，译成兴都人也是旧有的音译，也可指称这信仰的从者。这些人是作为一种多声性的开放民众信仰实践者，并不是教义先行的抽象神（哲）学体系的信从者。

这个字中字尾的 -ism 似乎也是盎格鲁·撒克逊（Anglo-Saxon）语的附会；译时加上"主义"二字实在是没有必要；如一定要加上"主义"的话，只是表示替现的是这种信仰的（以西方的框架圈定的）抽象／思想层面。

Hobbesian Dream：译作霍布斯梦境，又称霍布斯梦魇（Hobbesian Nightmare）。霍布斯作为西方政治哲学中国家论的开山祖之一，其主要的著作就是他在 1651 年写的《利维坦》(*Leviathan*) ①，也就是他社会契约论（theory of social contract）的滥觞。霍布斯梦魇就是他对没有契约社会的利维坦 [希伯来圣经中的意思是指"怪物"（monster）——比喻巨大强势且力不可挡的国家及其机器] 的恐惧和噩梦，它投射所及的那个社群不但只是暴力、滥权，更是一个无心无

————————

① 此书全名为 *Leviathan; or the Matter, Forme, and Power of a Commonwealth Ecclesiasticall and Civil*，但一般人会简称它为 *Leviathan*，即《利维坦》。

肝的非人社会。

Identity、Identifying、Identification：Identity 这个字是名词，要译的话得从它的动词 identify 和动词的名词化 identification 进行认知。作为动词的 identifying 是一个行动者把一个人、事、物和另一个人、事、物加以等同（即自行去异）的动作：通常是将被等同的人、事、物视为理所当然或既存(即不加质疑，也毋须将之与自己这个进行者视之为一)的东西，这个动作就是将自己被用来跟去等的人、事、物看齐，将之框入后者之中（之内）的行为。

如果这个行为的行为人和被合同的前者"成功地"同一，它这个过程就体现了一个排除自身，向外在认为同一的过程。倘果然如此，这般动作无疑就是一般译成的"认同"。

但是，在实际的操作上，这个动作及其认知之所以求同的东西，究其实不外乎是一种较确定（或强势）的"名号""称谓"或"分类归属"；以及在社会范畴化治理宰制下，与这些"名号""称谓"与"类属"相捆绑的，相"对应"的"份际""位阶"与"内外"。根据这个道理，认同过程中被"认"的不可能是"认同"本身，而是要被(或去)认同的"名号""称谓""类属"等符号，加上和它们联结的"份际""位阶"与"内外"。

以南地的文章中之讨论为例：印度的"母性名分"所指

涉的就是印度社会及文化中以"母性"这个范畴所囊括的"名号""称谓""类属"以及它所规约的"份际""位阶"与"内外"之分。

比理既明，名词的 identity 只能缩译为"名分"；自 1968 年以来在台湾人人艳称的所谓"认同政治"，引发的多重争议与混淆，至今不断。今日吾人一旦认识到它实际上是"名分政治"后，认同压迫的一切迷雾或可日见明朗，而对所有在国族操弄中身受其害的"国族名分"缠斗之戕害，我们才可得知其之所以然者何在。究其实，它无疑是这个将 identity"名分"误解为"认同"所引起的种种灾难性的政势的结果。

In House：直译成"家内"有点开玩笑，然而我是认真的。去酒馆行乐，老板加送一瓶酒说这是"In-House"的。这就是说是老板送的，不算账的！另一个意思是：它不是做生意的，也不是对"外"进行交换或交割的；再者，它是"自家人"的，是不足与外人道的；进一步说，也就是它是不留记录的，不算数的，像是没发生过的意思。我用这个字就是这个意思！

Innocence：译作赤子之心。中文既有词语中的"无知"和"无辜"常被当作 innocence 此一辞的中文对应，而"无知"也常被当成 ignorance 的相对且雷同的译辞；之所以有如此大的混同与淆乱，乃在于这两个英文字的字头 in- 和 ig-。但是，英文字的 ig- 或 in- 并不如中文辞语中的"无"之用意。"无"是有缺乏或负面性的意思。相反的，in- 和 ig- 的前缀在不同的理脉中都能有不同的、相当正面的涵义。在南地的用法中，他主要是借用了加缪的引句以及罗洛梅的理论；在我一再咀嚼之后——特别是当我了然于罗洛梅在 innocence 前之所以冠以真性（authentic）或假性（pseudo）的形容加以区别的用意所在后 ①——读出了 innocence 一词的中间性及两面价值；它的中文相对词不是"有知"或"有过"，而指的是有没有"城府"的问题。所以我把它译为"赤子之心"。

Justification ／ Justify：这个辞的及物动词形态 justify 是去证明（某一事物）有其道理；近似于为此一事物提出理据，进行辩护。其不及物动词（即某事物被 justified）在法律用语方面指的是某（保证人或保释人）被证明有其资格；或事物被证实具法据或法源。名词 justification 译为认正，指的恰是这么一个将事物肯认为正谊的行止与过程。

Kṣatriyahood：译作刹帝利自身。刹帝利是兴都信仰中的四大卡斯特之一；指的是武勇阶级，它主要代表了雄迈、

---

① 罗洛梅有关"赤子之心"的概念可参见他的 *Power and Innocence* 一书（New York：Norton，1972）。

好斗的军事统治层——这个卡斯特介于婆罗门（教士与教师）及 Vaishya（商、农、手艺者）之间。这个集体的身份后来渐成为了世袭的名号，也在其成员及向往者的内里产造了定型与刻板形象。这种人格形构与旨向也就成了刹帝利从者欲以建构的自身与行止；而 Kṣatriyahood 则是这个指涉之实存性的抽象名词。

Legitimate、Legitimacy、Legitimized：译成被认受的、认受性、得到认受，都是基于不赞同将它们译成"合法""合理"……理由是它不是指什么东西合什么法或合什么理；它要说的是这些东西或存在——包括体制、机构、法权等等——是否是受到它的对象与被施为者的肯认和接受。这个创辞在中文中是较陌生的；但这种陌生性是必要的。这个译法是为了避免与其他场域的指涉叠合（collapse），并因为熟习而产生误会。目前，此辞在香港已渐通用（如没有记错，这个译法应是二十年前由罗永生首创的，不便掠美）。

Modern、Modernity、Modernized、Modernization：译为摩登、摩登性、摩登化了的、摩登化。这个译法恐怕是读者最不习惯的。在这本书的出版过程中，这个辞也是争议最多的、也是我最坚持的。因为若把它们译成现代、现代性、现代化的话，问题很大，误会更大！姑且不提近年美国解密资料一再证明现代化"Modernization"这个口号乃冷战时期由

CIA 等机构在推动美国主义时所生产出来的意识形态统摄（systemic）工具；它的以时间轴的推移定义进步，本身就是社会达尔文主义的单向、直线进化的教条，加上一元自大的西方自我中心之产物。若我们具实地看待历史，便会发现这个辞所指的是西方社会在一定历史时期的特定的（理念型化了的）政治、经济、社会、文化状态；它后来特别是被用来指称文风与艺术思潮上面的特定历史性指认。中国文字对此辞旧有的译法就是"摩登"，指涉明确、不带意识形态偏见或统摄强推的意图。摩登性是论诘层面的抽象指称；摩登化则指的是向所谓摩登的事物趋同（及其过程）。这个译法最古典的是译查理·卓别林的《摩登时代》（*Modern Times*）；总不会有人要执意把它译成"现代时代"吧！既然如此，为什么要把其他的摩登性及其矫情都不知汗颜地一概称之为"现代"呢？

Politics：多数人见到这个字便即会译为政治或政治学，并没有考虑到它出现的理脉或用法。其实，我们常听到"What is your politics?""What was the politics involved?""His politics is not consistent!""The political is personal."等语句中，它指涉的都是个人的、特定位向的、广义的"政治"；即个人及对事物的特定政治位势与政治选取旨向——甚至扩及于一个人的立身处事，安身立命的处所与立场。我们常见不同的两个人使用一些通用的语词，它们听起来讲的似乎是一回事，但在具体的日常践行上却可南辕北辙。究其所以，乃这两个人的"politics"不一样。这个"politics"在中文里没有现成的辞语可以采用；我只好暂时把它译为"政势"，乃指一个人的种种行止所由生的意向，其政治位势与立场旨向。

Post-colonial：十年前，有其他人借用我对这个辞的译法——"破殖民"——后，随即便有人在网上痛骂，说这个译法一定是我的"鬼主意"。一点不错！现在我公开承认，也免得冤枉了别人。这个译法当然是我故意的，更是有其涵义的：首先，十多年前的年代，是自西方传来了"post-XX""post-OO"的年代；当它们译成中文后便变成"后XX""后OO"。不一而足……甚至它们更成了一门（或一群）叫做"后学"的东西。我则自始不以为然。这个 post- 的前置，当然不是单向直线式的、"进化论"的（更不是"现代化"一伙们的）就时序性为指涉的前置。因为：

（1）这个"post"最起码把被"post-"的"XX、OO"给"去永在化"了，也相对化了。

（2）这个"post-"是排拒"XX、OO"多过于承继它们的意思，是划一个界限的装置。

（3）这个近乎扬弃性的前置之所以是"post"，也意味了是从被它 post 的事物、理念中绝去，有一种一了百了的意图。但，这个"post-"其存在本身却既讽刺又辩证地以它post- 的"XX、OO为"其存在的条件，本身就是一个oxy-moron（自败双并词）；即，如不指涉或引得（index）被post-的"XX、OO"，这个概念本身的存在即无从规范或定义。

但是，就认知的旨向与意图而言，它的政势（最起码主观地）是挺清晰的。就像打中国功夫一样，它要的是找一个对手，去"破"他功。作为动词的前置的这个post-，译它成"破XX"、"破OO"，谁说不"客观"、不"公正无私"呢？

在post-colonial及当时流行的各式理说和高论的界域内，这个post的政势也是以对抗（counter）为主的斗争，其取那些大言壮语（Grand Narrative）而代之的意图也多是一蹴可几式的；论者只是把它们post- 掉，把它们存而不论，把它去认受化了就算了，其他替代的有无就再说吧！当然，在这个意义上，它这里也隐含了破功、自破的肌理与逻辑；这一点也恰是我这么译的鬼主意之"鬼"的所在。很佩服那位评说者，把我的意图看穿了！说穿了，"后学"其实就是"破学"，要天天在破，不但要破人家，更要破自己！

Praxis：译为践行。这个字和中译的"实践"（practice）是不一样的；Practice可泛指做、习做、实作任何一种学识或行当。而praxis指的则是在一定的认识（包括一己意识地坚持与维护的"政治正确"）基础上，基于一己选取与自身定位的"政势"上，进行的言行举止与社会实践。在这个意义上把它译成"践行"；即依识、依见而行的跨步与行动。

Re-presentation／Re-present：这又是一个关键性和灾难性的误译（简直是错译）的辞语。基本上所有的其他译法（再现、表征、象征……）都无知于"授意品"（signifier）与"承意品"（signified）之间，经过"授意践行"（signification practice）产生联结的结构、原理与过程。这个错误主要在于将前者（接近"名"的东西）和后者（接近所谓"实"的东西）叠合（collapse）在一起；也忽略了"指认"（denotation）和"衍意"（connotation）的差别；混同了"信号"（signal）和"意符"（signs）的不可融通性；把"认得"（recognition）和"理解"（understanding）变成是一样的东西。我教了二十几年书，可以说天天都在为补正这个缺失而奋斗：叫学生不去做被教"认得"信号的巴夫洛夫式（Pavlovian）的实验犬，而去做一个进行理解的、认知活动的独立思想主体。

"替现"之所以不是"再现"或"表现"：恰恰是因为进行替现者本身是创造性认知的主体；他以他的替现活动所替现的不是任何被"直指"的那个外物，而是他认知活动的一定的成果。透过这些"替现"，借它进行阅听和对话的"读者"也并不是在进行被"直指"式的在"格物"，而是在自己的认知基底上进行的交涉、思考与理解。换言之，"替现品"乃"授意践行"中的过程与载具；是借语辞及概念来让人与人进行交通的思想工具；之所以是"替"现，而不是"再"现或"表"现，恰恰因为替现偏偏不是、也不能是被替现的概念本身或实体外在，而是一个"不是它"的"其他"。以"不是它"的"其他"（如字词、概念与范畴等）进行替换，呈现被替现的事、物、意象、概念，从而以之进行传讯（inform）与移情（empathy）。这个过程和其中选用暂时性的、试探性载具的过程就是 representation"替现"的过程。

Rhetoric：这个词在文学批评及文化研究的用语中是有特定的用法及涵义的，在日常语言中则负面性的意思较大。如"There is nothing, but rhetoric"，即"什么都没讲，只有大言壮语"——在台湾它特别指的可以是政客的信口雌黄及"选举语言"。为避免太过"判断性"（judgemental），钱新祖于是把它译为"措词"[①]。我向他表示过异议，我认为这样翻译是太温和也太一般，不足以凸显此辞不是随便的遣辞的辞，也不是一般的"措辞"，是很用力、很高姿势的设计及布置。现在我把它译为"设辞"，目的就是要去强调它的意

---

① 钱新祖：《中国的传统思想与比较分析的措辞》，《台湾社会研究季刊》，第一卷，第一期，台北唐山出版社 1988 年版，第 189—208 页。

图性质及设计性质。

Semitic、Semiticize、Semitic creeds：译作闪族、闪族化和闪族教条。Semitic 这个字来自基督《圣经》上的 Shem，他是诺亚的三个儿子之一。在语言学上 Semitic languages 讲的是一系列近似的非亚语族（Afro-asiatic language family——从阿拉伯……到希伯来语皆属之），这语族的使用者则是广义的闪族人。这个语言也可说是最具经典性的：伊斯兰教、犹太教及基督教的圣典都是以闪族语写成的。这三个宗教统称为闪族宗教（Semitic religions）或亚伯拉罕宗教（Abrahamic religions）。这三个宗教——对比起世界上其他千万种信仰体系——其亲源与意理都极为接近，它们都是一神论的救赎性（天堂理论）宗教。但是，尽管其教条的同质性，三个教在中东地区的历史冲突到今日却成为全球性的敌视与流血根源。

Sexuality：译作"'性'质地"。Sex 这个字被译成一个中文的单字"性"是译事中少见的单字译法；似乎它已约定俗成，指的大致是和身体及身体中交媾器官有关的情事。Sexual 是 sex 的形容词，指的是与 sex 有关的事物，如 sexual behavior（性行为）、sexual attitude（性态度）等等。而 sexuality 这个抽象名词就麻烦了。把 sex 抽象化、去实体化、也去经验化了的是什么论诘和旨向呢？从近二十年来各地对

sexuality 的研究，我也很难归纳出比较明确的指涉。大致来说，是试图对 sex 的区别，sex 的倾向和变异进行质方面的寻绎，要探究 sex 到底是怎么回事？基于我翻译的习惯，比如别人译 historicity 为历史性，我就认为不妥，它指涉的历史的种种质地，不是把它定性；因此，我把 historicity 译成"历史质"。同理，我也把 sexuality 译成"'性'质地"。

Social Rights：译成社会正谊是相对于社会误失（social wrongs）的翻译。一般译法是一见到 right 或 rights 即译成"权力"或"权利"，这本来便有所误失，在本文的理脉中尤其不可。此处指涉的是针对事物对错的判断，不是外在的或应否给予某些"所有权"（titleship），或应否力争之法权等方面的事。

Synthetizism：译作综摄主义。Synthetic 是形容综合合成的一种逻辑或理述过程，在加上 -ism 的字尾，通常多针对就不同信仰系统的元素进行（如中医按方抓药式地）关联的，透过采借与综合的过程和操作方式。这特别是在新兴宗派（sects）及复振式衍派的意识形态中常常见到。如台湾的三教合一、五教合一等等，它们都可说是这种操作的例子。

The Myth of the Promethean Man：译作普罗米修斯式男人的神话。普罗米修斯（Prometheus）是希腊神话中巨人族（泰坦、Titem）统治阶层的第二代，Iapetus 和 Themis 的儿子。

他名字的意思是 Foresight（预见、前视）："Pro-"这个字头就是在前的意思。他最为人知的故事是把火从天神的世界偷到人间，被宙斯（Zeus）惩罚，锁在巨石上，每天被巨鹰啄食新长出来的肝脏；人们认识到他是个诡计多端的为人类打拼者。他在西方启蒙后被指认为是积极进取、豪迈前瞻，以及善心牺牲的象征与理想型人格。他也成为了启蒙后西方自我形象的投射与其自诩为超绝的辐辏点——是为正相的、楷模性的英雄，进取形象的总代表——所谓普罗米修斯式男人之神话的原祖。

　　但是，西方世界却在近几年中忘记了他的孪生兄弟埃庇米修斯（Epimetheus）——他名字的意思是 hindsight（后见、后视）——一个踟蹰不前、无所事事的角色。他不听从普罗米修斯的劝告，收受了贿赂；他娶了第一个女人潘多拉（Pandora），而她——一抵人间就打开了她的盒子，将灾厄带到人世。在近代，埃庇米修斯被读成是一个笨蛋，但却最真切地和孪生兄弟普罗米修斯一同替现了人类的多种面相。近年法国哲学家贝尔纳·斯蒂格勒（Bernard Stiegler）在论及 Technogenesis（技能创始）和 Anthropogenesis（人理创始）时，特别指出了海德格尔之所以自以为当然地把埃庇米修斯遗忘了，是深有病理学之意涵的 [1]。莱斯·阿米(Les Amis) [2] 更在 2009 年出了一本书，名为《纪念埃庇米修斯》(*Commemorating Epimetheus*)。他们从二十世纪末的视野中为埃庇米修斯翻案。阿米主张：正是埃庇米修斯，他为世间带来了分享、互慰、照顾与共处、相爱等作为必要的依仗，俾人类借以彼此存活的（现象学意义的）知识。

---

[1] 详见 Bernard Stiegler, 1998, *Technics and Time, 1: The Fault of Epimetheus* 一书，(Stanford: Stanford University Press)。

[2] Les Amis，一个写作集体，意为朋友们。——译者注

责任编辑：林 敏 刘 畅
版式设计：王欢欢
封面设计：石笑梦

图书在版编目（CIP）数据

贴身的损友：有关多重自身的一些故事 /（印）阿希斯·南地 著；
　丘延亮 译 . — 北京：人民出版社，2017.9
（亚非拉现代思想文丛 / 陈光兴，高士明主编）
ISBN 978 - 7 - 01 - 017795 - 3

I.①贴… II.①阿… ②丘… III.①殖民主义 - 研究 IV.① D066

中国版本图书馆 CIP 数据核字（2017）第 132007 号

本作品中文版经由作者阿希斯·南地（Ashis Nandy）授权人民出版社出版发行
北京市出版外国图书合同登记号：01-2016-9929

贴身的损友

TIESHEN DE SUNYOU

——有关多重自身的一些故事

（印度）阿希斯·南地 著

丘延亮 译

人民出版社 出版发行
（100706　北京市东城区隆福寺街 99 号）

北京中科印刷有限公司印刷　新华书店经销

2017 年 9 月第 1 版　2017 年 9 月北京第 1 次印刷
开本：880 毫米 × 1230 毫米 1/32　印张：8.25
字数：140 千字

ISBN 978 - 7 - 01 - 017795 - 3　定价：38.00 元

邮购地址 100706　北京市东城区隆福寺街 99 号
人民东方图书销售中心　电话：（010）65250042　65289539